Juan Pablo Caivano

Sueña sin límite

equino'X io
editorial

Juan Pablo Caivano

I Edición
2020

Título: Sueña sin límites
Autor: Juan Pablo Caivano
Primera edición: 2020

Edición: **Equinoxio Editorial**
Domicilio: Juan Vucetich 3053 – Sexta Sección
Ciudad de Mendoza – Mendoza – Argentina
email: editorialequinoxio@gmail.com
Atención telefónica: 0261-686 4319 y 0261-471 5388
Seguinos en Facebook: Editorial Equinoxio
Diseño y Diagramación Digital: Editorial Equinoxio
Impresión digital: **Equinoxio Editorial**
Editor Responsable: Sergio Bacchini Mansilla
Diseño interior de la edición: Sergio Bacchini Mansilla
Revisión de Edición: Nora Patricia Trigo
Correcciones: Juan Pablo Caivano

Impreso en la Ciudad de Mendoza - Argentina
Hecho el depósito que marca la ley 11.723
ISBN: 978-987-4990-73-0
Fecha de Catalogación: 30/noviembre/2020
Cantidad de ejemplares: 1500
Cantidad de páginas: 150
Código Editorial: E-933-20

Sueña sin límite

Si tus sueños no te asustan es que estás soñando con
miedo.

Para Agush, que nunca deje de soñar.
Agradecimientos: A Adri y Agush, por los silencios que esta tarea lleva y todas las razones que el corazón conoce.
A mi Madre por el apoyo en las revisiones.
A Fede por los muchos aportes.

Sueña sin límites

1
yo tenía un sueño

Siempre, desde muy chico, me recuerdo soñando. Siempre que estaba sin hacer algo me encontraba viajando en algún mundo interno, era una gran forma de explorar, jugar, vivir. Esos sueños siempre implicaban habitar mundos fantásticos. De los más extraños o maravillosos. Existían en los que todo el planeta se quedaba congelado y yo era el único que me podía mover, de esa forma recorrer la ciudad hasta volar. Ese fue uno de los más preferidos. Podía hasta trazar planes o rutas de vuelo. Llegaba a ver la cuidad desde arriba en mis viajes. Siempre tenía algún sueño fantástico. Pero no es de esos sueños de los que les quiero contar. Esos son maravillosos, y quizás algún profesional no esté de acuerdo, pero los sigo disfrutando mucho. No de los mundos fantásticos en los que me gustaba y me gusta vivir. Porque, si bien de esos tengo muchos, también tenía de los otros: los que quería cumplir al crecer o en cuanto se pudiera. De los sueños que son proyectos, aunque también estaban fuera de lo normal, muchos de ellos. Delos que se situaban en este universo, pero que quedaban también fuera de la caja. Claro, después el tiempo va pasando, uno se va haciendo más grande, más serio y va acomodando los sueños a la realidad. O como dicen, la realidad acomoda los sueños. El diario vivir va acomodando los tiempos. Ya no tenía tiempo, para perder en cosas que no estuvieran fuera de lo normal. Sí, recuerdo que también tenía sueños. Pero ya eran sobre qué coche nuevo quería comprar, o dónde me quería ir de vacaciones o con quién. Ya era más grande, más serio. Mis sueños se iban acomodando a la norma. Ya soñaba dentro de la caja. Durante muchos años, si bien había adaptado mis sueños a lo que yo creía era la normalidad, recuerdo que hasta en esos tiempos sufría con amigos, relaciones, el estigma de ser demasiado soñador. Sin embargo, con el tiempo fui llegando a pensar que sí, que probablemente pasaba demasiado tiempo detrás de proyectos poco realizables o fuera de la norma. Esto y la falta de concreción me fueron llevando a adaptar estos a la norma, ya no creando fantasías, que no tenían ninguna posibilidad de concretarse. También recuerdo que, durante un tiempo de mi vida, dejé el hábito de tener sueños. Era más bien vivir lo que se fuera dando. Sí, claro, más bien crear o desarrollar proyectos, pero dentro de las posibilidades, tanto sea por preparación, recursos o habilidades. Este cambio no se dio de manera natural. El chico, adolescente y joven soñador empezó su vida adulta, todavía lleno de estos sueños, que, si bien a muchos les parecían locuras, otros tan locos como yo probablemente se enrolaban y se subían al carro. Pero poco a poco fui acomodándolos a la norma. No era una forma que tuviera tantos resultados en la vida diaria, así que la vida los fue acomodando. Así fue hasta que, hace más de veinte años, tuve la fortuna, si algo como eso existiera, de encajar con otra gran soñadora. Éramos un equipo de locos soñadores. Entonces volvieron los tiempos de los grandes sueños. Sueños maravillosos. Éramos dos para llevarlos a cabo. Me encantaría contarles que esos sueños que nos impulsaban en esos años en los que éramos más jóvenes se hicieron realidad y transmitirles una historia de logros alcanzados. Sueños cumplidos. Pero no, no fue así. Más bien, muchos errores no forzados, dirían en tenis, fueron haciendo que no se cumplieran o no pudieran mantenerse en el tiempo. La suma de los sueños no realizados o no sostenidos fue haciendo que muchos de los otros locos que nos acompañaban fueran cansándose, y claro, en algún momento nosotros también nos cansamos. Empezamos a darnos cuenta de que no se podía vivir de esa manera. Que no era ir todo el tiempo en creencias y prácticas anticulturales. Que los negocios, la vida, no eran un juego. Que todo tenía su consecuencia, que ya no se estaba volviendo algo divertido. Vino un tiempo en que mi gran compañera y yo arriamos velas, tiramos anclas después de años de seguir unicornios. Decidimos ser personas normales. Por primera vez estábamos asentados, no detrás de ninguna quimera. Compartíamos la vida con los que nos rodeaban con sueños como los de todos. Cambiar el auto, agrandar la casa, ir a tal lado de vacaciones. Vivíamos buscando cosas o metas, lo que está perfecto, pues son muy útiles, pero no califican como sueños.

Llegamos a pensar que esa era la manera correcta de transitar la vida: la forma adulta. Imaginamos que la otra forma de vivir era sólo una locura, no se podía vivir detrás de quimeras. Lo intentamos, pero no había salido. Nos habíamos divertido, sin duda, pero seguro no salió porque así no es la cosa. Éramos jóvenes, la habíamos pasado bien, más o menos y mal. Eran todos lindos recuerdos, para recordar entre nosotros. Ni siquiera muchos más fuera de ese pequeño círculo que formábamos nosotros dos parecían comprender el gusto por esas aventuras pasadas, detrás de sueños que asustaban. Más bien como '¡'Qué lindo ... Gracias!'' solía ser la respuesta más escuchada. Transcurrían así los días, muy bien. Ya teníamos una pequeña hija, también una casa, trabajos formales. Bueno, las cosas habituales.

Un día mi hermano, que vivía en México en ese tiempo, me regaló un seminario que él había tomado hacía dos semanas, uno que le había cambiado su forma de ver ciertas cosas. Quería compartir esa visión, esa forma de ver la vida. Se le ocurrió que seguramente también a mí me podría gustar o servir. El seminario profundizaba sobre la activación de la glándula pineal, y proponía a través de ese medio, recordar las memorias del ser original que todos somos. Recordar parte de nuestra herencia, algo que nos correspondía a todos, pero que habíamos olvidado. Si bien algo habíamos estado viendo sobre eso hace algún tiempo, me refiero a la Glándula Pineal. Ya un seminario para activarla era muy extraño. Este seminario, aunque no lo pareciera, despertó la antigua práctica de soñar, la que se había dormido. Nos fuimos involucrando en el proceso de la creación, de cómo crear la vida que quieres vivir. Un mundo que nos fue cautivando a medida que más y más recuerdos, memorias, se iban despertando. Nos llevaba a ir adentrándonos más en ese mundo tan familiar. Con el tiempo llegamos a conocer a la creadora de ese seminario: una chilena, Fresia Castro. Nos involucramos, compartimos con ella tiempo y aventuras de aprendizaje, grandes experiencias que guardamos como joyas. Si bien con Adri vivimos varios años en Chile, nunca habíamos oído de ella, ni de su método. Esto fue creciendo en nosotros, redescubriendo un mundo nuevo. Con el tiempo, no mucho, por cierto, con mi hermano nos fuimos involucrando, hasta tomar el desafío que implicaba llevar estas prácticas y conocimientos a nuestro país: Argentina. Allí ninguno había estado viviendo en esos años. Con mi mujer volvimos primero al país y empezamos con esa tarea, que ya era una locura en sí misma. La verdad, aunque asustaba el desafío, era lo que nos devolvía al juego. Eso implicaba viajar de nuevo, movernos, realizar actividades no tan dentro de la normalidad. Al poco tiempo mi mujer se había adaptado al estilo de vida que estábamos llevando. Casi de gente normal. Al principio mi mujer se resistió un poco, pero el zorro pierde el pelo, no las mañas. Así que también se sumó de lleno al desafío. Siendo parte fundamental de todo el sueño. En realidad, el que perdió el pelo en ese tiempo fui yo. Pero eso es harina de otro costal.

Es así como de nuevo nos encontrábamos en una aventura. Aventura de expansión, de conciencia, de crecimiento personal, pero sobre todo de creatividad. A romper barreras y cadenas creativas, a liberar los potenciales internos. Claramente eso implicaba primero hacerlo en nosotros, ya habíamos aprendido a esa altura que no se puede enseñar recetas que uno no cocina. Nos metimos de lleno en eso. Ya teníamos una hija pequeña, ya no éramos sólo nosotros, pero igual lo hicimos. Dejar trabajos, casa y actividades "normales" para meternos en ese nuevo sueño, implicaba entre otras muchas cosas mudarnos a un paraje desierto de la alta montaña en Mendoza. Allí nuestro vecino más cercano quedaba a un kilómetro. Si bien ella lo resistió al principio, el hecho de volver al juego fue despertando en ella sus antiguos dones dormidos, que hoy esplenden. Al año se sumaría mi hermano, Que dejaría también una vida muy acomodada y normal en México para sumarse a la aventura. Bueno, de esto ya pasaron diez años. Ya no sólo es Argentina, sino muchos otros países donde vamos llevando el recuerdo de las memorias del ser creador que somos a través de seminarios, conferencias, retiros, etc.

Siempre esteremos agradecidos a Fresia por lo que despertó en nosotros. Esto nos ha llevado a muchos países de América y Europa. En estos diez años fuimos aprendiendo, recordando, experimentando el proceso de la creación. Fuimos recuperando la capacidad de crear al recordar la importancia de los sueños en el proceso de manifestación. Así que poco a poco volví a tener sueños, de los de antes: los de los "locos", pero ya entendiendo otros principios que me faltaban de más joven. Las memorias del ser que somos. Las claves que en su momento no tenia, y por su falta u olvido no había podido manifestar esos sueños. Hoy quiero compartirles mi experiencia esperando que a alguno le sirva como despertador, como impulso para recordar sus propias claves. Quizá también te cansaste de soñar, o tal vez tus sueños no se cumplen o te juzgan por ellos. Si este libro logra acompañarte en recuperar tu potencial de crear tus propios sueños, será un placer y todo un honor. Quizá simplemente te sirvan mis experiencias para acomodarte y manifestar los sueños que tienes o vas a tener. No pretendo guiarte ni que me sigas, sólo compartir el camino de crear. Si en ese camino algún sueño se manifiesta, podría sentir que la tarea está hecha. Si sólo te permite volver a soñar, si lo dejaste de hacer, también. Si lo estás haciendo y vas en el camino de cumplirlos o ir por más, entonces vamos juntos, que quedan muchos sueños por manifestarse. Te quiero compartir lo que en estos años pude comprender al entender las claves del proceso de creación, comprender por qué había fallado antes, que el error no es soñar, sino no hacerlo de la manera correcta. O bien muy poco o por el contrario en zona de pánico. Te invito a que caminemos juntos este recorrido por construir el mundo que queremos habitar. El mundo siempre fue de los soñadores, aunque pueda parecer que no. Siempre los que tuvieron esa capacidad, son los que movieron al mundo hacia la verdadera evolución. Es la capacidad de soñar más allá la que nos va a llevar a dar saltos cuánticos en nuestras vidas. El tema es recordar la forma y el proceso que llevan a los sueños a convertirse en el mundo que habitas. No se hacen realidad; ya son realidad. Sólo hay que traerlos a este universo. El tema es dejar de habitar el sueño de los otros y habitar el nuestro. Ese mundo que quieres vivir. Ya existen y depende de nosotros traerlos a este campo. Debes recordar en el camino que ese mundo es posible, que está al alcance de tu mano, el que es nuestro deber manifestar. No creemos más con miedo. Tengamos un sueño que asuste, porque si no lo hace sólo implica que estamos creando con miedo. Que el miedo de los errores o fracasos pasados, ejemplos de frustración propios o ajenos, nunca sean los parámetros de nuestros sueños. Parece una contradicción que si algo no me asusta es porque tengo miedo. Pero espero que podamos descubrir juntos que no lo es. Por el contrario, es la clave.

2

la primera lección de tiro

Entre las cosas que pude ir recordando, rescaté que las claves siempre las tuve, pero no siempre las entendí en su momento. Había una que era fundamental, que claramente antes de empezar a recordar pensé que no era importante. Es más, sólo había que ir, ese tema se resolvía en el camino. Si bien una vez me la habían recordado, no logré llegar a entenderlo en ese momento. Muchos años después pude entender lo que quiso enseñarme un viejo suboficial de la Fuerza Aérea Argentina en mis tiempos de Cadete de la Escuela de Aviación Militar. Con apenas 19 años, había logrado ingresar en esa institución con la intención de ser piloto de combate. Ese había sido uno de los sueños que había tenido por más tiempo, ya les conté lo que me llamaba volar. Ser piloto de un jet de combate, creía en ese entonces, era lo más parecido a lo que quería. A los quince años sintonicé con dos amigos que tenían la misma afición. Con ellos hicimos toda la preparación tanto física como académica para el exigente ingreso a la Escuela de la Fuerza Aérea. Había rendido un examen con 1800 personas para obtener tan sólo una de las ciento cincuenta y seis vacantes disponibles ese año. Obtuve la cincuenta y tres. Una de las cosas que más me impactaron fue la primera vez que entré al comedor de cadetes. En la entrada rezaba un cartel. "Antes de entrar ya estabas aquí, y cuando te vayas no sabrás que te quedas." Una verdad, que me llevó años comprender. Luego una lesión en la rodilla y la terquedad de la edad me hicieron salir un año después. Pero entre las maravillosas cosas vividas en esa academia; mucho tiempo después redimensioné una en especial que les quiero compartir, que era el recordador de la primera clave para manifestar sueños.

Una tarde los cadetes de primer año fuimos reunidos en un campo de la Escuela, a la espera de que viniera alguien experto a enseñarnos tiro. Estuvimos un rato en la espera hasta que se acercó un vehículo con un Suboficial que lucía insignia de experto en tiro, con dos asistentes. El señor no dijo ni una sola palabra al llegar. Uno de los asistentes que lo acompañaban sacó una lata de gaseosa vacía que traían en el vehículo. La alejó bastante de donde estábamos. Una distancia a la que la lata no se veía a simple vista. Se repartió algunos binoculares entre los cadetes para que pudieran ver la lata a la distancia. El señor mayor seguía sin pronunciar una sola palabra. Sus asistentes actuaban casi automáticamente, organizando el espectáculo. El otro asistente le alcanza al suboficial un Mauser 98, un viejo pero excelente fusil de fines del siglo diecinueve. Dotado con una mira mecánica, no óptica, que tiene un excelente alcance. El señor lo toma, ajusta la mira. Se toma su tiempo para apuntar, regula la respiración, dispara. Los cadetes con los binoculares confirman el blanco, todos muy sorprendidos. Una real proeza. El tirador sigue sin pronunciar una palabra. El asistente de las latas saca otra del vehículo y la ubica a unos diez pasos sobre el suelo, a la vista de todos. El experto con señas habilita a su asistente, que rápidamente sabe lo que tiene que hacer. Saca un pañuelo y le venda los ojos al tirador. Me pareció que era un pañuelo azul de aviador militar o eso creo recordar. Luego le alcanza un fusil moderno de francotirador. Con mira óptica, telemetro laser, compensadores de peso, amortiguaciones especiales, un lujo. Se lo entrega y lo apunta hacia el lugar donde estaba el improvisado blanco de gaseosa en el suelo. Todos los cadetes en silencio mirando. El hombre con los ojos vendados se toma el tiempo, apunta y dispara. El impacto erra el blanco por más de dos metros. Algunos cadetes contenemos la risa. Para nosotros el experto quiso mostrar una habilidad y le había fallado el truco, pensábamos. En ese momento se saca la venda, y escuchamos su voz. Dice unas palabras que siempre recordaría, pero que no comprendería cabalmente hasta muchos años después. Él simplemente dice:

"Les acabo de enseñar la primera lección que deben aprender en tiro. No se puede pegar a lo que no se puede ver. No importa si tienes o no la mejor arma. No importa tu entrenamiento o capacidad natural. No le puedes acertar a lo que no puedes ver".

Esas palabras mucho tiempo después marcan el principio fundamental de cualquier proceso creativo. No se puede acertar a lo que no se puede ver, sino es estar tirando a ciegas. Muchas veces me he encontrado tratando de crear algo que yo creía tener claro en mi mente, repitiéndome a cada paso: "Yo sé lo que quiero". Pero realmente no tenía la imagen mental clara de lo que quería lograr. Tenía un conjunto de ideas, un par de lineamientos básicos. Pero nada muy concreto, pensando que a medida que se fuera concretando me detendría a analizar los detalles. Pero como todavía faltaba tiempo o recurso o lo que fuera para que ese proyecto se materializara, no había que perder tiempo en detalles que no hacían al proyecto. Yo sólo debía tener la idea general. Para concretarlo bastaba eso. Con voluntad y entusiasmo eso se iba a manifestar. Esas cosas no me faltaban, ninguna de las dos. Los detalles eran parte de las cosas que se iban a acomodar solas al avanzar. No comprendía en ese momento la importancia de ello. Eso no se acomoda sólo. No era uno de los melones; era el destino del camión. Lo importante eran las ganas y de eso tenía mucho. Eran mis deseos los que impulsaban los sueños. Con el deseo bastaba y sobraba para lograrlo. Lo importante, creía, era seguir todo el tiempo para adelante sin importar mucho hacia dónde, sólo seguir empujando. Creyendo erradamente que eso era lo único importante, la capacidad de hacer, mucho y rápido, tal idea me hacía vivir en constante acelere. En esos tiempos de mayor ignorancia creativa era la constante de vida. El detenerme a detallar un proyecto, un sueño, era para mí nada más que una pérdida de tiempo. "Si en mi cabeza está todo. No hacen falta los detalles. Esos me dan lo mismo", pensaba. Lo único que importaba estaba convencido, era la capacidad de acción. Era la acción la única condición necesaria para cualquier proyecto. Se creaba en el mundo real. En ese mundo lo único que genera resultados es la acción concreta. Qué ignorante era. Todavía lo sigo siendo, aunque ya comprendí ese punto. Creía que lo que importa es el proyecto, su ejecución, no si la pared es verde o azul. Eso no me importaba, era lo de menos. Esa ignorancia del proceso creativo me llevaba a creer que los detalles eran cosmética. Que no influyen en nada. Con el tiempo fui comprendiendo que claro que da lo mismo si al final la pared es verde o azul. Pero para nada da lo mismo la imagen mental que yo pueda tener de la pared durante el proceso de materialización. Para que sea completa la imagen tengo que saber si es verde o azul, que eso puede cambiar. Pero durante la etapa de concreción no, eso debe estar claro. No tiene la misma fuerza si tiene detalles o no. Lo principal es tener claro el punto de mira, poder verlo. Para poder verlo tiene que estar completo. La imagen mental es importante, es fundamental. El verdadero campo de creación es el de los sueños, es en ese mundo aparentemente intangible donde realmente sucede la verdadera creación. La acción que tanto valoraba tiene la función primordial de traer al campo de la materia lo que primero debe existir en ese campo. Si no existe primero en el campo de los sueños, no hay acción que sea capaz de concretarlo. Por algo simple que me explicó un viejo suboficial, hace muchos años: no se puede pegar a lo que no se puede ver. Tan importante como tenerla es bajarla, aterrizarla en este campo. Poder verla para acertarle. No se puede pegar a lo que no se puede ver. Hoy lo repito como una letanía. Suele ser de mucha utilidad dibujar, tallar o solamente escribir el proyecto que estás creando. Es una forma, un truco muy bueno para plasmar en el campo de la materia lo que hasta ese momento sólo existe en el campo invisible. Se crea primero en ese campo. El creador que yo soy crea en lo invisible. Pero ese creador no puede crear si no sabe qué es lo que tiene que crear. No puedo pegar a lo que no puedo ver. Es el primer paso de todo proyecto, de todo sueño: el poder plasmarlo de alguna manera. Después da igual si la puerta al final queda azul, verde o amarilla. Pero si yo tengo una clara imagen de lo que quiero crear, entonces estoy dando los primeros pasos hacia su manifestación. Lo primero es fijar esa imagen mental con la que voy a crear el impulso, la fuerza, energía necesaria para concretizar lo que quiero manifestar.

Como decía aquel viejo experto en tiro, no importan en este punto tus habilidades, tu preparación o los recursos con los que cuentes. Ni siquiera si bien es muy importante, cuan entusiasmado estés con tu sueño o proyecto. Si no lo puedes ver, nunca le vas a pegar. Te puedes tropezar con cosas que te llegaron, con negocios, relaciones, bienes que te aparecieron de un día al otro. Claro, eso puede pasarte, pero lo que no va a pasarte es que puedas manifestar algo que quieres sin antes tener claramente la imagen de lo que quieres lograr. Es probable que te parezca una pérdida de tiempo, un recurso que necesitas para apurar la concretización de tu sueño. La verdad es que sentarte a escribir o dibujar tu proyecto es fundamental. Te parece algo infantil. A mí también me parecía así. Te comprendo claramente. Pero a fuerza de no lograr sueños fui tomando en cuenta una vieja lección aprendida una tarde en un campo cerca de la ciudad de Córdoba, de un señor que daba mucho más que una lección de tiro. Era una lección devida.

El pastor bautista, el Reverendo Martin Luther King, dijo

una vez: "Da tu primer paso ahora. No es necesario que veas el camino completo. Sólo da el primer paso. El resto irá apareciendo a medida que camines". Esto podría ser interpretado como que no hace falta conocer los detalles; sólo ir creando y el resto irá apareciendo. Lo que yo entiendo es que los recursos y las formas son los que irán apareciendo. El primer paso es tener claro el sueño que te motiva a ir. El Reverendo King sabía algo de tener sueños. Él decía que tenía uno. La clave de toda manifestación es primero tener en claro qué o en qué voy a enfocar toda mi fuerza creadora. Después veremos la manera, los caminos o las formas. Pero esa fuerza que todos tenemos debe ser canalizada, enfocada, entubada hacia un destino. Ese destino lo marcamos nosotros con el primer paso, que no es sólo salir a tontas y locas con una idea más o menos clara en tu cabeza. Nada importante se ha logrado de esa manera. Nadie ha cambiado al mundo, su mundo, sin tener un sueño claro que lo impulse, lo lleve hacia adelante. Quizás no ve el camino, la forma, ni puede controlar el clima o las condiciones del camino. Pero lo principal es saber a dónde va. El reverendo King también decía: "La minoría dedicada y creativa ha hecho al mundo mejor". Cuando alguien va tras su sueño y lo cumple el mundo es mejor. Cada vez que alguien rompe la rutina y logra un imposible el mundo mejora. Cuando alguien alcanza lo que no se esperaba que alcance, el mundo es un lugar mejor. Se van rompiendo las barreras de la limitación creativa, nos vamos acercando más a nuestro verdadero origen del ser creador sin límites que todos somos. Puedes decir que soy un soñador pero no soy el único. Puede ser que seamos una minoría, pero somos la que cambia el mundo. Si lo eres empieza por el primer paso. Este es comenzar a detallar, a plasmar tu sueño, ya sea escribirlo, dibujarlo o hacer una maqueta. Pero aterriza todo eso que da vueltas en tu cabeza. Ya es momento de darle una forma más concreta, ese es el primer paso. Aunque no sepas cómo va a seguir o de dónde van a salir los recursos, los acompañantes o las habilidades para manifestarlos, sólo empieza por el principio. Recuerda: no se puede pegar a lo que no se puede ver.

3
soñar despierto o soñar dormido

En esto de empezar a darle forma al sueño, primero tengo que estar seguro de que mi sueño no es parte del sueño de los que soñaron antes. Que es un sueño des domesticado. Cuenta Don Miguel Ruiz que los Toltecas creían que todo era un sueño. Que tenemos dos formas de soñar: soñar con el cerebro dormido o soñar con el cerebro despierto. Soñar con el cerebro dormido es lo que hacemos cuando nuestro cuerpo duerme. En ese momento estamos libres del sueño de los que soñaron antes. Es cuando somos libres y podemos crear cualquier realidad que queramos. Es por eso que durante la noche podemos volar, ir de un lugar a otro, tener la experiencia que sea. No tenemos ningún límite en ese momento. Eso no es difícil. El verdadero desafío es soñar con el cerebro despierto. Porque en ese momento, cuando estamos despiertos, el cerebro activo sintoniza con los que soñaron antes que nosotros. Por lo tanto, es muy sencillo, no requiere esfuerzo soñar el sueño de ellos. La verdadera maestría es domesticar el sueño, poder crear sin repetir los escenarios ya vividos por quienes nos precedieron. Volver a vivir las vidas que fueron vividas una y otra vez. Claro que antes de nosotros también soñaron Mozart, Beethoven, Lennon, King o San Martin y una larguísima lista de otros. Pero también cientos, miles, millones de sueños que cumplieron con lo que dictaba la normalidad. Sueños con miedo. Miedo a no romper la norma. Miedo que impedía atreverse más allá de la zona que sentían segura. Miedo a fallar, a no poder a intentar. O simplemente a ser. Claro que otros también se atrevieron, y quizás son esos soñadores que, a pesar del susto, pudieron descubrir nuevos horizontes y nuevas zonas. Los que hoy nos impulsan a tantos a ir detrás de sueños que asustan. El gran riesgo es soñar el sueño de los que soñaron con miedo antes que nosotros y vivir un sueño más del montón. Esos sueños están plasmados alrededor del planeta, están ahí latentes, esperando ser sintonizados por un incauto, que termine creando más de lo mismo. Esto no es sólo un concepto filosófico. Esto ha podido ser corroborado por algunos investigadores. sólo por nombrar algunos, cito un ejemplo: el caso de la "dama Mig", Marina Lavrentievna Popovich. Coronel, ingeniero y piloto de pruebas soviético, condecorada con treinta y una medallas por la Fuerza Aérea Soviética. En 1964, se convirtió en la tercer mujer y la primera soviética en romper la barrera del sonido. Era también, profesora en ciencia aerodinámica en la Universidad de la ciudad de Arkhangelsk. Partió de este mundo en el 2017. Ella hablaba de esta red y de cómo habían interactuado con ella. Ella comentaba en una entrevista muy conocida: "... En 1958 el profesor Bernascki descubrió una banda que envuelve al planeta y que contiene un campo energético en el cual están plasmados los registros de todas las formas de vida y la historia misma del planeta. Se descubrió que este campo de energía no se sitúa en un plano físico. Nosotros pudimos detectar esta banda y «leerla» con instrumentos científicos...". Pero la cosmonauta soviética no sólo hablaba de ella. También Edgar Dean Mitchell, astronauta norteamericano. Curiosidades: los rusos son cosmonautas y los norteamericanos son astronautas. Mitchell, piloto del módulo lunar en la misión Apolo 14, fue el sexto hombre en pisar la Luna. Además, tenía un doctorado en ciencias de aeronáutica y astronáutica del famoso MIT, el Instituto de Tecnología de

Massachusetts. Obtuvo su doctorado en el año 1964. Contó de su viaje al espacio cosas maravillosas. Tanto fue así, que dedicó toda su viva posterior a Nasa a investigarlas. Él relataba: "...Parecía haber un enorme campo de fuerza que conectaba a todas las personas, sus intenciones y pensamientos, y todas las formas de materia animada e inanimada que hubiera existido nunca...". El no sólo contó que podía sentirlo, sino también comprobarlo. Dedicó muchos años a investigar ese campo que sintió tan real. También el doctor Jacobo Grinberg-Zylberbaum, neurofisiólogo y psicólogo mexicano, gran estudioso de esta interacción, decía que más del setenta por ciento de lo que pensamos proviene de esta interacción con la red creativa de la humanidad. Él sostenía: "Nosotros interactuamos con una matriz o campo informacionales que todo lo abarca y envuelve y que contiene en cada una de sus porciones toda la información. Es una matriz de tipo holográfico. En ese nivel de cualidad de la experiencia no hay objetos separados unos de otros, sino que se trata de un extraordinario campo informacional de enorme complejidad".

Todo esto me lleva a pensar que lo que decían los Toltecas no se trataba simplemente de creencias supersticiosas o simpáticas, que más allá de creencias, todos estamos interactuando y siendo influenciados por esa red donde están plasmadas todas las creaciones humanas entre otras cosas. Que sintonizamos con las creaciones, vidas, hechos de todos los que estuvieron antes que nosotros. Que eso no nos cuesta nada. Que nos es natural. Que en la calidad de emisor y receptor electromagnético que somos, eso se da de forma natural. Que si estamos distraídos simplemente sintonizamos con ese campo. Como consecuencia de ello terminamos soñando el sueño de los que soñaron antes, repitiendo patrones y conductas. No es que esto sea algo malo en sí mismo, pero dependerá de cuan libre creativamente quieras ser. Quizás por eso el Reverendo King hablaba de "la pequeña minoría creativa" que cambiaba el mundo, esos pocos que pueden abstraerse del sueño de los que soñaron antes, crear fuera de la caja. Yo en lo personal, como les contaba, reconozco que en mi juventud me revelé contra esto sin conocer en ese entonces que eso existía. Pero por ignorancia creativa, por un lado, por hacer caso a la presión de los que sí se encontraban sintonizados a esa red. No es su culpa, era yo quien quería encajar, ser parte. Me amoldaba a eso de buena gana. Me llevó durante un tiempo a soñar el sueño colectivo. Un día, hace más de 10 años, por invitación de mi hermano, empecé el duro camino de tratar de des domesticar mi forma de soñar. Este camino no es fácil. Siempre es más sencillo plantearte metas, logros, sueños dentro de los parámetros de esa red creativa de toda la humanidad, que en cierto modo condiciona, juzga lo que es normal y lo que no lo es. Plantea todo un desafío, no seguir esas reglas y crear tus propias reglas, tus propios sueños, salir de ese círculo de confort que nosotros mismos nos hemos creado. Dentro de ese círculo, también hay sueños, claro está, no es que no existen. Si están limitados por tu lugar, avance y capacidad social, cultural etc, vas a poder soñar algunas cosas, eso está permitido y aceptado. Otras ya son consideradas delirios o pérdidas de tiempo y energía. Claro, está todo armado que, si tú sueñas los sueños permitidos con mucho esfuerzo y sacrificio, con la espera necesaria, los vas a conseguir. Cuando quieres soñar fuera de ese encuadre, de esa caja que plantea y demarca los sueños de los que soñaron y vivieron antes que nosotros, las cosas no van a ser fáciles, el juego se va a complicar. No hay aplausos ni reconocimiento para esos soñadores en el camino. De mantenerse fieles a sus sueños y alcanzarlos, igualmente serán excepciones, casos aislados, cosas que no intentes porque seguramente esa persona es especial o tuvo mucha suerte. El mensaje de la red es claro: "No lo intentes en casa". Tú mejor vive el sueño que todos compartimos, que es lindo y más seguro. Esos otros sueños son lindos de ver en cine, en libros, pero no de vivir.

Parece todo muy complicado, pero no lo es. La verdad es que puedes, debes soñar, crear, desear lo que quieras. No estamos obligados a sólo un tipo de avance o un tipo de sueño. El seguir tu propio sueño no implica renunciar a nada. Claramente vas a tener que sacar nuevas herramientas, hacerte de nuevas habilidades. Probablemente no a todos les caiga bien ni te acompañen, como es lógico. El salir de la senda ya trazada implica ciertas resistencias donde algunas cosas son permitidas, pero no todas. Pero ya saben: una gran clave de fracaso es querer quedar bien con todos, todo el tiempo. Sin duda, al salir del sueño colectivo vas a andar a campo travieso, crear sendas, picadas que seguramente serán usadas por otros. Qué bueno que así sea, usarán tu senda un tiempo. Si logran desdomesticarse, en algún momento tomarán nuevos rumbos. Caminarás sendas abiertas por otros un tiempo, hasta ir creando las tuyas propias. Es la única forma de mantener el impulso creador. No puedes ser un creador si sólo te mantienes en el camino de otros. Probablemente es más seguro, pero es tiempo de entrar en zona de desafío. No sigas a nadie, aunque puedas seguir su camino mientras resuene con el tuyo el tiempo que así lo sientas. Claro, es más fácil moverse por caminos ya hechos. Pero crear nuevos caminos, nuevos surcos, es la magia del juego de los seres creadores. Quien no tema alejarse de la costa es el único que podrá descubrir nuevas tierras. Salir de la zona de confort, caminar nuevos caminos es toda una aventura. Esa es mi zona de avance. Atentos: más allá de la zona de confort, está la de avance, pero más allá de esta está la de pánico. ¿Qué es la zona de pánico? Esa zona donde ya no hay avance ni movimiento. Creo en zona de pánico sólo por ego. Por una sobre exigencia, que es siempre un impedimento de avance. El juego sin duda es crear nuevos caminos. Hacer tus propios caminos, transitar algunos ya abiertos y en algún momento abrir los tuyos. Pero tampoco que te paralicen. Si el ego te impulsa a poner un sueño que, por lo faraónico, lo sentimos inalcanzable, te paraliza. Quizá sólo sea por este momento en zona de pánico. Pero ya al avanzar, al crecer, al estirar tu zona de confort en un tiempo, entres dentro de tu zona de avance. Son como círculos concéntricos que están estáticos y sin crecimiento hasta que nosotros nos empezamos a salir de la zona de confort. Yo no tengo las habilidades, capacidades, control del campo emocional o recursos para alcanzar ese objetivo, meta, sueño que me puse nuevo. Eso me pone en la zona de avance. Pero el ir por él, eso me hace avanzar, salir de lo que conozco y desarrollar nuevas capacidades y recursos. Zona de confort no implica estar bien, sólo cómodo. Al incomodarme, poner un sueño fuera de la caja, mi caja, mi zona de confort, me meto en una zona donde debo mejorar, perfeccionar, estar atento. Por eso se transforma en mi zona de avance. Pero cuando ya lo alcancé o estoy cerca, adquirí las habilidades que no tenía. Esa que era mi zona de avance, se transformó en mi nueva zona de confort. Las fronteras se extendieron. Quizá, lo que antes estaba en zona de pánico, ahora es mi nueva zona de avance. La verdadera magia es ubicar los sueños en zona de avance y no de pánico. Como lo identifico, si en ambas zonas no estoy preparado, no tengo habilidades o recursos para lograrlos. En avance, si bien no los tengo, con dedicación, esforzándome, siendo valiente los voy a llegar a obtener. En zona de pánico están tan lejos de mi esas capacidades, habilidades o recursos que me quedo paralizado. Recuerdo cuando empezamos con la expansión del método en Argentina por el año 2010. El sólo hecho de expandir en Argentina era zona de avance. Pero el pensar en eventos de 300 personas u otros países era claramente zona de pánico para nosotros. Fue pasando el tiempo. Ganamos habilidades, tiempo, experiencia, confianza. Lo que antes era zona de pánico, diez años después se convirtió en zona de confort. Pero entonces no me detengo nunca sigo extendiendo la zona de confort, ¿hasta dónde? Hasta donde lo desees. Te puedes detener donde creas adecuado hacerlo. Pero también puedes ir creciendo indefinidamente, pasando barreras, dejando atrás cosas que en un tiempo te parecieron imposibles. Es un constante avance, soñar fuera del sueño de los que soñaron, antes que tú. No estás ni estamos destinados a cumplir los sueños que otros sueñan para nosotros. No es nuestra manera de devolverles el amor que nos dieron, cumplir los sueños que ellos tienen para nosotros. La única forma de hacerlo es ir generando y ganando la capacidad de ir cumpliendo nuestros propios sueños, aunque eso nos lleve por caminos no andados y sepamos que los que nos quieren se van a preocupar por nuestro camino. Pero hay que seguirlo. Es lo único que al final nos va a hacer crecer y avanzar.

Entonces no sólo define tu sueño. No sólo plásmalo para aterrizarlo. Sino también revisa que esté en tu zona de avance, no en tu zona de confort o pánico. Es el fino límite que decían las abuelas: "Ni muy muy, ni tan tan".

Que te sirva para moverte a crecer y avanzar. Pero que no sea tan alejado o fantástico que te haga ni siquiera ir por él. Si sigues avanzando, hasta se puede algún día convertir en tu zona de confort. sólo fíjate si hoy está o no en tu zona de pánico o confort.

Si al plasmarlo no hay algo que se mueve un poco en ti, un sentimiento de cierta incomodidad, si estas muy calmo, está en tu zona de confort. Entonces estás soñando con miedo. Dentro del rango de habilidades que ya tienes, no estás extendiendo. Ya eres quien necesitas ser para ir por ese sueño. Está perfecto. Pero entonces no hay avance. Si, por el contrario, provoca eso, pero no tanto para paralizarte, entonces ese es el que va a hacerte avanzar. Porque hoy no eres quien vas a llegar a ser cuando lo logres. Ya es pura ganancia.

Si estás creando con miedo, no sólo que esa frecuencia, el miedo es tu limitante, tu freno; lo que, al contrario de lo que nos gustaría pensar, es justamente el soñar con miedo. Es lo que no nos deja concretar. sólo concretamos y creamos cuando necesitamos avanzar, crecer para ser quienes pueden sintonizar con ese resultado que deseamos. Es tiempo de ser quienes todavía no somos para llegar hasta donde todavía no llegamos.

4

contento, pero no quieto

Es una aventura hermosa esto de estar constantemente agrandando la zona de confort, lo que permite que todos los días sean un desafío. Que cada día tengas un gran impulso para salir de la cama. Que lo que te haga salir de la cama no sean las obligaciones. Por el contrario: que no te veas obligado a salir de la cama. Que desees que se haga la hora de empezar, de manifestar el proceso creador que mora dentro nuestro. Cuando sólo me tengo que levantar por las obligaciones y responsabilidades que he contraído, cada mañana es un sacrificio. Lo recuerdo bien, es luchar para que no sea la hora de tener que levantarse, las sábanas te atrapan. Cuando estás detrás de tu sueño eres despedido de la cama en cuanto el descanso necesario se produjo. Es una sensación bien distinta. Quien ha experimentado las dos, lo sabe. Yo he vivido sólo por obligaciones y responsabilidades y también he aprendido a vivir impulsando sueños, expandiendo constantemente la zona de confort. Sé que no es lo mismo una mañana que otra. Cuando te despierta el desafío de la nueva creación es un día menos. De lo contrario, en las obligaciones es un día más. Para poder mantener ese impulso a lo largo de los años es fundamental estar llevando los sueños constantemente a un nuevo nivel. Esto conlleva en sí mismo una nueva maestría. Durante gran parte de mi vida he estado tan ocupado con lo que se estaba haciendo que pocas veces pude darme el placer de disfrutar los logros. Es todo un aprendizaje en el que estoy actualmente, el aprender a disfrutar cada nuevo paso alcanzado, cada nuevo sueño cumplido. El ir constantemente en avance puede traer el riesgo de ser un insatisfecho crónico, claro que siempre expandiendo la zona de confort, de eso no hay duda, pero disfrutando siempre del juego, del crecimiento. No ansioso e inconforme porque ya estoy queriendo ir hacia lo nuevo. Claro que voy a agrandar la zona de confort y sin duda ya estoy creando lo nuevo, pero disfrutando del presente. He caído muchas veces en esa trampa, la del fino equilibrio entre disfrutar y no estancarme. Los sueños son motores, no fines. Son los que hacen el día, la semana, el año, el camino interesantes. Pero, aunque suene raro, no es el fin. Es el medio de vivir en constante aprendizaje. Cuando me olvido y los transformo en mi fin, la famosa frase de "Todo por mi sueño" no es exactamente a lo que me refiero. Es el camino, no la meta.

La maestría en la que actualmente me encuentro es tratar de equilibrar el conformismo con la victoria. Poder disfrutar, reconocerme la nueva victoria, pero que esta no me haga entrar en quietud, dado que ése es el camino para detenerse, estancarse, en la zona de Confort nuevamente. Es como un disfrute en acción. Es disfrutar cada instante de avance, de crecimiento con la atención en hoy. No es "Ya voy a disfrutar cuando cumpla tal o cual sueño". Eso es una trampa que conozco bien. Es más bien como una victoria en movimiento. Es poder disfrutar el logro, pero eso mismo tiene que ser el impulso para ir por más. Sin sacar la atención del presente, del momento, que el crecimiento sea un disfrute, no un sacrificio. En este punto es importante que lo que se disfruta sea el avance. Los sueños son el motor que hacen crecer, avanzar, darle sabor a cada día. Al final da igual si se cumple o no se cumple. Pero cuando tú puedes ir descubriendo que has incorporado una nueva habilidad, que pudiste reaccionar a una situación de la manera en la que nunca lo habías hecho, que tu control del campo emocional te permitió mantener la suficiente calma y templanza en medio de una situación que dos meses o dos años atrás te hubiera descontrolado, es el momento de festejar la victoria. Es ese avance el que se festeja. La meta, el sueño, tiene simplemente esa función. En el avance termina dando lo mismo si lo cumples o no muchas veces. Es el motor, es el impulso que te permite avanzar. Si se sale del foco y el lograrlo se vuelve lo único que me importa, me voy a perder del viaje al alcanzarlo, al manifestarlo, darme cuenta de que fue una victoria Pírrica. Pero si vas disfrutando cada avance, cada momento del camino. Si vas hacia ellos, pero con la atención en hoy, entonces el alcanzarlos te puede dar satisfacción, como el cambiar el modelo del automóvil. Es lindo, es un logro para festejar. Pero no siempre eso implica que has avanzado. En muchas partes o sectores de la sociedad eso es un indicador de avance. Pero es sólo porque quien mide con esa vara es un soñador del sueño colectivo. El avance no es por tener o lograr. Siempre es de adentro hacia afuera. El avance interno no implica renunciar a nada de afuera. sólo que esas cosas llegan como consecuencia del avance. No como objetivo a alcanzar.

El soñador fuera de la red sueña crecimiento, mayores ámbitos dónde desarrollar sus dones. No cosas por tener. Las cosas llegan como consecuencia del crecimiento. El que la consecuencia se vuelva la meta, ese es el sueño de la Red. Como el avance es infinito, nunca llegaste al máximo de avance, por esa razón no termina. Sólo al convertirnos en maestros del campo atómico, lo que se conoce ya como un maestro ascensionado. Sino siempre estamos en el camino de ir extendiendo la zona de confort. Como con la condición física, cuando se empieza a entrenar tres kilómetros parece muchos, a los días es confort y voy por cinco, hasta que los cinco son confort y sigo hacia adelante. Es el impulso del avance lo que lleva al corredor a ir cada vez por más. Disfrutar cada logro, pero no estar conforme. Saber que se puede avanzar un poco más en cuanto esa nueva marca que alcancé se transforme en mi nueva zona de confort.

Está muy mal visto en la memoria de la humanidad esta actitud. Se te puede acusar de ser un inconformista. Lo que reina en la red es alcanzar el punto de confort. Quienes se lideran a sí mismos siempre saben disfrutar de cada logro, sino serían sobre exigentes. Pero saben que en poco tiempo ese nuevo logro se va a transformar en su nueva comodidad. Es exactamente el momento de ir por más. Por más crecimiento, por mayor dominio de sí mismo, no por más cosas, esas llegan como consecuencia.

Si lo que logras lo logras fácilmente, aunque para otros sea un gran logro, no te compares ni con los que aún les cuesta, ni con los que están por delante de ti. Porque si te comparas con los que les cuesta eso te puede llevar a dejar de avanzar por sentir que estás muy avanzado. El compararte con los que van por delante te puede llevar a dejar de intentar. Tu medida es contigo mismo. Si ya lo alcanzas fácilmente, estás en tiempo de plantearte una nueva meta. Si llegar a lo que quieres es sólo cuestión de tiempo, pero sabes que está logrado, eso es solamente un escalón, pero no lo consideres tu sueño. Es algo que tienes que disfrutar cuando se materialice, sin ninguna duda. Pero mucho antes de lograrlo, cuando sabes que alcanzaste las habilidades para lograrlo, que será cuestión de sostener la demora y mantener el foco, en ese momento ya estás en la condición de ponerte un nuevo sueño. Claro, pero dirás: "Si todavía no se materializó el otro, ¿ya voy por uno más grande?". Cuando logras hacer esa transformación, la de comprender que los sueños son la forma de avanzar, no la meta; pasan a ser todas comas, ya no puntos finales.

Eso no me convierte en un inconformista. sólo entiendo que ya avancé lo que tenía que avanzar. Ahora es tiempo de seguir avanzando. Sólo cuando se ha transformado en tu nueva zona de confort. Un sobre exigente es alguien que antes de transformar algo en su zona de confort, ya va por más. No es eso. Es poder disfrutar cada sueño, pero mantenerte constantemente en avance, mantenerte creciendo. Muchas veces se siente el cansancio de ese proceso. Muchas veces, cuando el cansancio puede generar la pérdida del entusiasmo, me quedo, el proceso se detiene un poco. Todos sabemos lo que pasa. El cansancio pasa rápido. Entonces la zona de confort te empieza a aburrir. Yo me pongo irritable, necesito otra vez la adrenalina de los nuevos desafíos. Es entonces hora de volver a avanzar. Pero el confort tiene sus beneficios, por eso es zona de confort. Hay que romper la inercia que ya te quiere hacer quedar en ella, pero así estamos bien. No hay que ser tan apresurado, no tan ambicioso o cualquiera de esos adjetivos que quieren retrasarte. Es entonces donde debes buscar un nuevo sueño. Un nuevo desafío, un nuevo potencial. Que el tiempo en la zona de confort solamente sea el descanso del guerrero, el tiempo necesario que se tiene que tomar el hachero para afilar el hacha. No es sólo siempre estar en acción. También hay que tomarse el tiempo para reponer fuerzas, disfrutar los logros, afilarse, prepararse para estar listo para un nuevo desafío que me lleve a nuevos horizontes, querer jugar en una liga más arriba de la tuya. Sabes que, para jugar en esa liga, no tienes lo suficiente, que hay que mejorar las habilidades a la hora de plantear tu nuevo sueño, tu nuevo desafío. Si al escribir, dibujar o simplemente pensar en tu nuevo sueño no sientes un poquito de susto, entonces la única explicación es que ese sueño lo estás soñando con miedo. Estás soñando dentro de tu campo de posibilidades. Si para cumplir tu sueño sólo tienes que hacer algún esfuerzo extra, ahorrar un poco más, o ajustar algún parámetro para alcanzarlo, pero al momento de plantearlo ya sabes cómo lo vas a alcanzar, entonces estás soñando con miedo. Al momento de planteártelo tienes que decir: "Hoy no puedo, hoy no llego". Entonces te vas a preparar, vas a generar nuevas capacidades, habilidades, fortalezas que hoy no tienes. Esa es la magia de los sueños, la capacidad de darnos alas. El impulso necesario para ir hasta donde todavía no fuimos. He tenido miles de sueños que nunca cumplí. Eso hoy no me preocupa en lo más mínimo. El sólo hecho de tenerlos un tiempo generó en mí la necesidad de moverme, de ir en busca de potenciales que no tenía. Entonces después la ganancia ya estaba, más allá de si se cumplía o no ese sueño. Me vuelve satisfecho porque los sueños fueron los motores. Cuántas veces hemos visto que se convirtieron en una carga lo que quizás en un momento fueron sueños. No los mates convirtiéndolos en metas.

El sentimiento que nos guía es la calidad vibratoria que tenemos. Vamos encajando, sintonizando con lugares, personas, resultados. Por encajes de esas frecuencias todo tiene una determinada frecuencia vibratoria. Las frecuencias encajan, las frecuencias sintonizan. No es que tienes determinados trabajos, amigos, parejas por casualidad; que eso pasó porque justo la maestra de quinto grado te sentó un día al lado de alguien. Entonces esa persona se convirtió en tu mejor amigo de por vida. Esa sintonía de esos dos amigos no la dictó la arbitrariedad de la maestra de quinto grado. Esa sintonía se dio por la misma calidad vibratoria, que está guiada y manejada por la calidad del sentimiento que los guiaba. Sintonizas con los resultados del sentimiento que te guía al momento de crear ese resultado. Por lo tanto, si tu sueño está dentro de tu campo de posibilidades actuales, es porque el sentimiento que no te deja ir hacia logros más potentes es justamente el miedo. Si estás soñando con miedo, si el sentimiento que te guía es el miedo, es esa calidad vibratoria la que está marcando el encaje de frecuencia de tu creación. Por miedo no me animo a soñar en grande, por miedo a que no pueda o no esté preparado para lograrlo. O por sentir que no dispongo de los recursos o las habilidades para alcanzarlo. Es justamente ese miedo el que va a hacer que no pueda sintonizar ni siquiera con ese resultado, el del sueño chico, el que me animo a soñar ahora por estar guiado por el miedo. Esa calidad, la del miedo, no me va a dejar ni obtener el pequeño y miedoso sueño que, creo, busca protegerme. Es por eso que los sueños que están guiados por el miedo están destinados no sólo a no cumplirse, sino a no generar nada más que decepción. Un sueño que está fuera de tu campo de posibilidades ya tiene el plus de generar un proceso de avance. Ya ese sólo hecho es suficiente. Cuando alcanzo esas habilidades puedo lograr ese sueño o ir por otro más grande. Pero genera todo un camino de desarrollo interno, que es el único desarrollo realmente importante, el que por consecuencia trae todo el desarrollo externo que quieras. Por encaje de frecuencias eso es atraído. Todo llega como consecuencia de la frecuencia que emites, eso dura y se mantiene. Cuando toda la atención está puesta en un desarrollo externo, puedo conseguirlo, pero no es sostenible en el tiempo o no genera lo que pensé que iba a generar. Eso por lo menos es mi experiencia, ya estuve en la etapa de creer que el desarrollo era externo. El avanzar implicaba tener más. Ya sé que ese no es el camino, pero no porque no quiera nada, no es la vida del ermitaño lo que busco. Es que todo lo externo llega como consecuencia de un desarrollo interno. Entonces ese es el camino. Por lo menos, en mi experiencia, lo viví así. Todos tus sueños, al momento de plasmarlos, deben generar un poquito de susto. Ese susto necesario para saber que no estás creando dentro de tu propia zona de confort te asegura que no estás creando con miedo. Entonces está en tu zona de avance. Es momento de ponernos en marcha. Es momento de empezar a aterrizar. Primer paso: un sueño que te asuste un poco para que tus sueños sean las comas de tu vida y no los puntos

5
los de afuera son de palo

Cuando era chico, teníamos un código que con el tiempo se fue perdiendo. Gran cantidad de complicaciones si hubieran evitado se ese código siguiera vigente. Un código que seguramente todos conocen. "Los que juegan, juegan. Los de afuera son de palo". O por lo menos eso se decía en las canchas improvisadas, cuando era un niño. Cuando alguien que no estaba jugando quería opinar, la respuesta de todo el equipo era: "Los de afuera son de palo", haciendo referencia a que quien no estaba jugando no se escuchaba con respecto al juego. Con el paso de los años empecé a escuchar más a los de fuera. Escuchar las opiniones, criticas, reproches de quienes no estaban jugando. Empecé a darles cada vez más importancia. Me olvidé que los de afuera son de palo. Ante cada sueño, proyecto nuevo, era un sinfín de comentarios, opiniones, juicios. Un mundo de dudas e inseguridades se creaba en mí. Con el tiempo, la experiencia de sueños abandonados me fue enseñando. El consejo de maestros sabios y antiguos también. Me recomendaban nunca revelar los sueños, proyectos hasta que, en uno, no sean una certeza. Porque no se trata de no escuchar a nadie y ser un necio. Eso no es sabio. Pero sólo escuchar a personas idóneas, solamente cuando hablan del campo en el que son expertos.

Una vez, hace muchos años, trabajando en una empresa muy grande, vino a dar una charla Carlos Bianchi, en la época que era director técnico de Boca Junior. En la época que Boca ganaba todo. En la época en que la prensa decía que Carlos Bianchi tenía el número de teléfono Dios. Bueno, la prensa deportiva siempre es muy afecta a exagerar. En esa charla a jóvenes de un banco, "El Virrey" dijo algo que, como siempre, tardé años en darle su real dimensión. En la charla dijo que él sólo pedía consejos a personas expertas en el tema, aclarando que sólo tomaba en cuenta sus opiniones cuando se referían al tema en el que eran expertos.

No se trata de no escuchar nunca a nadie. Eso sería muy necio. Pero sí pedir consejo, ayuda, orientación a un experto del tema. Si tengo que comprar un auto usado le pido una opinión a mi amigo mecánico. Por ejemplo, si me refiero a Messi, por más experto que sea en su ámbito, su opinión en auto usado es como la de cualquiera. En relación con tus sueños, esto de aterrizarlos es contigo mismo. Escribirlos, traerlos a tierra. La clave es un sueño que a ti, que eres el creador del sueño, te asusta. Imagínate a otro que no tiene tu entusiasmo, tu motivación. La clave es no comentarlo, no hablarlo hasta que no sea tu certeza. Sino son las dudas de los otros, sus inseguridades, las que te hacen entrar en duda, en cuestionamiento. Los otros, porque no se trata de sus propios procesos te van a llevar a tu zona de confort. "Pero si de eso tú no sabes", "Te parece", "Tú dices que eso va a funcionar". No necesariamente es maldad o envidia, como es muchas veces fácil creer, sino que las personas que más te quieren, por amor, por cuidarte, intentan que te mantengas en tu rango de habilidades. Que acciones dentro de una zona que a ellos los deja tranquilos, en tu campo de conocimiento o en el terreno que ellos entienden y conocen. Desde su punto de vista te están cuidando. Quieren que no te arriesgues fuera del dominio que para ellos es seguro. Te imaginas si los hermanos Orville y Wilbur Wright se hubieran quedado en su zona de confort, siguiendo en su campo de habilidades: las bicicletas. Qué hubiera sido de ellos, no de la aviación, soy un convencido de que los sucesos no esperan a nadie. Si tú no lo haces, alguien más lo va a hacer. Si esa mañana del 17 de diciembre de 1903 ellos no lograban despegar el Flyer 1 en Kitty Hawk, alguien lo hubiera hecho en otro lado y en otro tiempo. No es que no existirían los aviones. Las ideas no esperan a nadie. Te llegan porque tuviste la frecuencia para sintonizar con esa información que estaba en la red que quizás muchas personas sintonizaron con la misma información. No fuiste el único. La diferencia está en tener el valor de llevarla a cabo, de salir de tu zona de confort. De no escuchar los juicios y opiniones, de las personas que a tu alrededor lo hacen sin ser expertos en ese tema. Tu mamá te puede amar mucho ¿pero es una experta en el tema? Por eso la idea, el sueño, no se comenta con los que no son expertos ni están involucrados. Se mantiene en privado. Eso es algo que me ha costado muchos proyectos caídos aprender. No por culpa de nadie, sino por comprarme las dudas de los demás sin comprender que todos los juicios hablan de la persona que emite el juicio no sobre lo que está hablando. El juicio, la opinión, habla del emisor del juicio. De su historia, sus miedos, sus experiencias. Todos hablamos desde quiénes somos. Si voy con un sueño que a mí me asusta un poco a comentárselo a alguien que ha tenido varios fracasos, él va a opinar desde su historia personal, desde su mundo, sus experiencias. Que sea un experto o el creador de los aviones, no quiere decir que sabe o su opinión sea experta en como comercializar pasajes. Los hermanos Dick y Mac McDonald eran unos genios creando hamburguesas y un método de producirlas, eso no los hacía expertos en expandir el negocio. De hecho, sus opiniones en ese sentido no fueron las acertadas. Ray Kroc llevó su creación a otro nivel, porque no escuchó a los hermanos. Ninguna compañía aérea consulta a sus ingenieros aeronáuticos sus planes de comercialización. Ellos diseñan aviones, eso debe ser algo muy difícil, de muchísimo estudio o habilidades. Pero eso no los capacita a opinar idóneamente sobre estrategias de comercialización. Me refiero a lo siguiente: he aprendido de la manera difícil que los sueños o proyectos nuevos no se comentan fuera del ámbito de los involucrados directamente en su ejecución más temprana. Es como dejarlo crecer dentro de uno, trabajarlo, ir ganando la certeza de este sin escuchar opiniones de no expertos que sólo van a hablar de ellos y no del proyecto. Van a cuidar su imagen, mi imagen, su ego o el mío. Nos pueden querer muchísimo, y desear todo el bien del universo. Pero esa condición no los habilita a opinar sobre un sueño o un proyecto. sólo pido, consulto a un experto y le revelo lo que él tiene que saber para escuchar su consejo de experto, si hiciera falta. Más proyectos han fracasado por hablarlos antes de tiempo o con quien no debía, que por falta de capacidad. La experiencia de uno, dicen, no sirve a otro, y está bien. Haz tu propia experiencia, pero prueba, experimenta. Tu próximo sueño no lo comentes, no lo hables mucho. Mantenlo para ti o con los directamente involucrados. Quizás con algunas personas tienes una gran afinidad, personas que te encantaría que lo compartieran. Prueba tener la firmeza no hablarles del tema, porque inevitablemente van a dar su opinión, y es probable que no sean expertos en el tema. Sólo lo van a hacer desde su cariño o desde sus propios intereses. Sin lugar a duda, desde sus propias debilidades ymiedos.

He aprendido de la forma difícil que, en lo que respecta a esa ley no escrita de los juegos de la niñez, esa que nunca debiera haberla olvidado, si la hubiera mantenido activa, mis proyectos se hubieran concretado. Más crecimiento producido, más sueños realizados.

Las abuelas también lo dicen: "No lo cuentes porque se pincha". Ese "se pincha" no es culpa del otro nunca. Soy yo mismo que pongo la atención en la opinión de un no experto y la transformo en mía. Por más que sea un experto eso no implica que esté en lo cierto.

En el Jet Propulsion Laboratory de NASA, el JPL para los

amigos tiene colgado un cartel donde aparecen un grupo de abejas en vuelo. Allí se lee: "Aerodinámicamente el cuerpo de la abeja no está hecho para volar, lo bueno es que la abeja no lo sabe". Los ingenieros aeronáuticos más avanzados de esta manera se recuerdan que hasta sus conocimientos los pueden limitar, los invita a crear fuera de la caja. A crear lo que no se puede. Lo que sus estudios y conocimientos aseveran que es imposible. Eso que les discute la pequeña abeja los lleva a salir de la zona de confort. Por eso es bueno escuchar a expertos, pero no creer siempre las limitaciones de su ciencia. Si Steve Jobs hubiera escuchado y creído la opinión de expertos, no hubiera creado nada de lo que creó. Si San Martin hubiera escuchado la opinión de expertos nunca se habría metido en la proeza de cruzar los Andes con un ejército en 1817. Los grandes cambios de la humanidad llevan una cuota de locura aparente. Nadie que ha realmente cambiado las cosas lo ha hecho sin tener que enfrentar la opinión adversa de sus contemporáneos. La opinión de expertos puede servirte para el proceso de planeación, nunca para decidir si eso se va a hacer o no. La opinión de los no expertos ni siquiera hay que escucharla, recordemos siempre:" los de afuera son de palo". No es necedad, no es que digan mentiras, quizás son verdades, pero no son mis verdades. Son sólo sus verdades. Para crear lo que no existe, claramente tiene que oponerse alguien. Eso no es malo, no es bueno. Eso simplemente sucede. Pero cuando suceda, no olvides recordarle a todo el equipo: ¡Los de afuera son de palo!

6

planificar es más importante que los planes

Lido Anthony Iacocca, más conocido como Lee Iacocca, fue CEO (chief executive officer, el máximo responsable ejecutivo de la compañía) de Ford Motor Company durante varios años, posteriormente fue el responsable de recuperar la Chrysler Corporation a fines de la década del 70. Todo un personaje en la industria de Los Estados Unidos de América. En sus memorias, Iacocca cuenta una anécdota muy interesante. Antes de ser el señor de la silla en Ford, su jefe era nada menos que Robert McNamara, quien en ese momento era el CEO de la compañía, quien después se convertiría en Secretario de Defensa de John F. Kennedy, y posteriormente presidente del Banco Mundial. Cuenta Lee que una vez trabajando en Ford se encuentra con McNamara y le dice:

-Bob, tengo una idea estupenda que te quiero comentar.

-Por favor -responde McNamara- pónmela por escrito.

-Te la explico rápido. ¿Para qué la escribo?

-Si no puedes escribirla, no tienes una idea fue la respuesta tajante de McNamara.

Comenta Iacocca que ese evento lo marcó en toda su posterior carrera y fue de gran enseñanza y utilidad más adelante. Al principio no lo entendió, pero fue para él un gran aprendizaje.

Esa es la importancia de bajar el sueño al papel, sino es un conjunto de ideas y pensamientos desordenados, un montón de impulsos. El bajarlo al papel me hace empezar a darle forma. Empezar a elegir momentos, lugares compañías, equipos de trabajo. Todo un juego que sólo me mete en el mundo de la creación. En el momento de plasmar mi sueño en papel, tengo que elegir palabras, desarrollar conceptos, empiezo a recorrer los lugares donde se van a desarrollar. Empiezo de una manera a ensoñarlos, como soñar, pero despierto. Es por eso que la planificación es muchísimo más importante que los planes de acciones posteriores. De hecho, Napoleón Bonaparte sostenía que él planeaba todas sus batallas, aunque también decía que nunca salían como las había planeado, lo que nunca impidió que las ganase. El hecho de planificar implica ir para adelante y para atrás. Desarmar, pensar, repensar cada jugada, cada movimiento. Pero para eso primero tengo que dejar de tener un conjunto de pensamientos y los tengo que plasmar. Traer desde el mundo invisible, donde ya existe, a este mundo material. Este mundo tiene sus reglas producto de la densidad y la polaridad. Al sentarme a escribir, debo necesariamente traducir mis sentimientos e impulsos en palabras e ideas. Eso los adecúa inmediatamente a este campo de frecuencia. Es el primer paso en la manifestación: traducirlo desde el mundo invisible al físico para poder ver o no la cohesión de las distintas ideas sueltas, cómo se juntan, cuáles desechar, cuáles mejorar. Saber fehacientemente cuáles son los dominios donde tengo fortalezas y dónde me falta capacitación, control del campo emocional, firmeza, valor etc. Saber dónde estoy bien y dónde todavía no estoy a la altura del proyecto. Dónde tengo que mejorar, qué hábitos nuevos voy a tener que incorporar para poder alcanzar lo que me falta para llevar adelante el proyecto. Cuáles ya no me sirven. Algo que me ha costado mucho entender, que sigue siendo un gran desafío, es que los resultados que no aparecen están directamente relacionados a los hábitos que no desaparecen. Nos es fácil pensar y creer que lo que no podemos manifestar es porque no tenemos el dinero para hacerlo, los recursos, las condiciones sociales, políticas, familiares o una interminable lista. Que si yo tuviera los recursos haría tal proyecto. Pero no puedo porque no los tengo. Durante mucho tiempo fue mi gran excusa de autocompasión: "No tengo, pero si tuviera yo sería...".

La verdad es que nunca en la historia se necesitó de dinero para crear sueños. Se necesitó de sueños para generar dinero. Entiendo que quizás te pueda parecer una tontería. Yo también lo pensé gran parte de mi vida. Creí fuertemente que lo que me faltaba era dinero para concretar los sueños. Llegué a experimentar que lo que me faltaba era aterrizar los sueños para que aparezcan los recursos. Un soñador sin miedo, cuando crea fuera de la zona de confort, crea fuera de su capacidad de recursos, pero eso no lo frena. Crea esos recursos, los cuales aparecen si el soñador no tiene miedo. Es justamente la falta de disponibilidad inmediata de recursos la que me hacía entender que era una pérdida de tiempo sentarme a plasmar un proyecto. Porque, si no tenía los recursos, ¿para qué lo iba a hacer? El hacerlo me podía desanimar más al comprobar la cantidad de recursos que me faltaba. Eso podía ser peor. Creí durante la gran parte de mi vida que la manera de mantener vivo mi sueño era no planificarlo, mucho tenerlo en el mundo invisible el mayor tiempo posible. Eso lo mantenía vivo. Porque el darle forma me podía generar la idea de que era imposible. Ese fue un gran error repetido muchas veces. En eso, como en tantas otras cosas, la que me enseñó fue mi mujer. No es raro que estemos hablando algo, sobre algún proyecto o sueño, e instintivamente ella busque alguno de los cientos de cuadernos o anotadores que siempre tiene cerca y empiece a planificar, anotar, crear plazos, detalles. Claro que al principio creía, como les contaba, que era una pérdida de tiempo. Fui comprendiendo la importancia de eso. Que ese aterrizar era realmente crear en lo invisible. Era la verdadera ensoñación. En ese proceso uno empieza a sentirse en esos lugares, situaciones, momentos y victorias. Se empieza de esa manera a crear en lo invisible de verdad. Con el tiempo comprendí que a ese proceso le agregamos la conexión superior a una potencia superior, cosa que empecé a conocer hace más de diez años. Busca siempre esa conexión a lo que entiendas como una fuerza mayor y de la manera en que más te resuene. Pero es fundamental en el proceso de la manifestación la planificación, el tiempo que le das a eso es todo. Mucho más importante que los planes que puedas tejer. Quizá por eso Dwight David «Ike» Eisenhower, quien fuera General del Ejército de EE. UU. y comandante en jefe de las Fuerzas Aliadas, y posteriormente presidente de su país, quien tuviera a su cargo la planificación del desembarco de Normandía el 6 de junio de 1944 (una proeza de planificación, de coordinación de distintas fuerzas de distintos países) sostenía que "los planes son inútiles, pero la planificación lo es todo". El proceso de planificar una creación lo es todo. El conversarlo con quien vibra en tu misma frecuencia, el escribirlo, reescribirlo mil veces; tachar, modificar, corregir, mejorar lo es todo. Cuando yo he trabajado mucho mi sueño, lo conozco, sé cómo se maneja, sé todo el escenario. Eso me permite que, si algún plan de acción no funciona, el conocimiento total del escenario me posibilita reorientar o modificar sobre la marcha. Si no trabajé mucho mi sueño y sólo tengo un plan de acción, y este no funciona, no sé cómo seguir. No sé ustedes, pero en mi experiencia comparto completamente con Ike. Los planes no sirven para nada, nunca salen como lo deseamos, pero el proceso de planeación me permite modificar sobre la marcha. Es el espacio donde vivo mi sueño, lo hago realidad, lo ensueño, lo recorro lo conozco. Donde voy trayendo a la tierra lo que creé en lo invisible. Le voy dando forma, conozco sus rincones. Se hace cada momento más mío. Cuando se hace parte de mí en el sentimiento, ya comencé el proceso de la manifestación. Creo desde la potencia de mi sentimiento, de la calidad de este. Es en la planificación donde empiezo a traer ese proceso. La ensoñación empieza a plasmarse. Es cierto que el revisar esos pormenores puede asustarme al tomar conciencia de la magnitud del proyecto, si está creado sin miedo y fuera de la zona de confort. Pero en ese momento, el juego se pone interesante. Me gana el pánico o por el contrario me pongo más fuerte. Si me gana el pánico es porque puse mi atención en lo exterior, en las condiciones que faltan, en los recursos que no tengo. Mi atención en lo que me falta. Si, por el contrario, es el momento que, a pesar de ese sentimiento, lo veo como un desafío, una oportunidad de desarrollar lo que no tengo, una oportunidad de crecer, es cuando empieza a ser un sueño generador. Es el momento que tengo para conectarme a lo que yo entienda como lo superior, del modo en que yo lo entienda, para poder desde esa potencia tener la fuerza necesaria para crecer en el nuevo desafío. Es cuando el sueño que asusta cumple su función de avance.

Con respecto a esto quiero aclarar una cosa que me parece importante. Para ejemplificar esto voy a contarles una historia que ayer me contó mi hermano. Esta historia la cuenta un escritor norteamericano ya fallecido, en un discurso de graduación.

Él comienza este discurso contando que un día en el mar había un pez viejo nadando, y en su paseo, se cruza con dos peces jóvenes. Al cruzar sus caminos el viejo les dice a los jóvenes: "Buen día, muchachos. ¿Cómo está el agua hoy?". Los jóvenes lo miran asombrados y le responden: "Buen día, bien". Al alejarse uno de los jóvenes le dice al otro: "¿Qué será el agua?". En este punto del relato hago mías las palabras de David Foster Wallace, quien les dijo a los estudiantes graduándose: "No pretendo ser el pez viejo, enseñándoles a los peces jóvenes que viven en el agua, y todavía no se dieron cuenta. No pretendo, en este espacio de reflexión, pararme en ese lugar. Quiero que juntos descubramos en la propia experiencia la fuerza de crecimiento, de avance personal que tiene desarrollar un sueño que asuste". No siempre lo hago, no siempre lo he hecho. Pero la experiencia me ha demostrado que son sólo esos, los sueños que al principio tienen la capacidad de asustarnos, los que nos pueden llevar a nuevos niveles, a nuevas ligas donde podamos desarrollar nuestros dones, que todos los tenemos. Puede ser que el miedo y la atención en lo que no tienes te haya llevado a pensar que no los tienes. Pero si todos los tenemos, nadie está acá para hacer número. Porque faltaba gente, todos somos valiosos y contamos con muchos talentos que desarrollar. Para que esplendan necesitamos un desafío. Un sueño que asuste para dejar de crear con miedo. Bajarlo a papel, planificar una y mil veces. Empezar a vivirlo, a hacerlo tuyo cada día un poco más. El día para empezar es hoy, no importa cuando leas esto, pero te aseguro que es la mejor época del año para hacerlo.

7

él más inteligente del cuarto

Para los que leyeron "Esto también va a pasar", es un tema que ya tratamos en el capítulo ocho. A los que no lo hicieron, les recomiendo que lo hagan. Pero para los que no leyeron, en ese capítulo hablábamos de un versículo de Génesis. Exactamente Génesis 2:18. "Y dijo Jehová Dios: 'No es bueno que el hombre esté sólo; le haré ayuda idónea para él'". En el tema de los sueños es exactamente lo mismo, no es bueno estar sólo. Hay que buscar ayuda idónea que te acompañe en la manifestación de tus sueños. Ya sea bien como acompañamiento o como apoyo creativo. Hay que armar equipo para llegar. Nadie llega sólo, y si llega sólo, rápidamente va a descubrir que no le sirve. El formar equipos es todo un arte. Primero comprender que sólo no puedes, no estoy hablando de tus capacidades o habilidades. En este campo de polaridades se crea juntando polaridades. Me ha tocado en distintos ámbitos a lo largo de mi vida formar distintos equipos para llegar a distintos objetivos o sueños. Me encantaría contarles que he tenido siempre un éxito en formar estos equipos y que todos ellos lograron los objetivos. La verdad es que me encantaría contarles muchas experiencias de éxito para enseñar cómo hacerlo. Pero, por el contrario, quiero transmitirles lo que he aprendido en los fracasos o errores que he cometido en ese proceso. Además aparece algún éxito que dejó un camino a seguir mejor.

Algo que nos podría decir la lógica más simple y pura es que para formar un equipo tengo que elegir a los mejores, a los que no tienen fallos o debilidades. Que sólo esos me pueden ayudar a lograr la concretización de mis planes. Eso podría decir un pensamiento lógico, pero la experiencia me dice otra cosa. Los equipos se forman con los que están y con los cuales sintonizamos viéndolos por quienes todavía no son, pero van a llegar a ser. Ampliarles las macetas los hace esplender en sus capacidades. No es solamente mi experiencia la que me lo dice. Ya que hablamos de antiguos textos como Génesis, en las historias bíblicas podemos leer que Jehová de los ejércitos, o así le llamaban, escogió a Jonás sabiendo que él huiría en su viaje a Nínive. O a David, sabiendo que el cometería adulterio. Jesús escogió a Simón, a quien llamó Pedro, lo eligió aún sabiendo que lo negaría. Hasta escogió al mismo Judas para tener y cuidar la bolsa, sabiendo que lo traicionaría. No pasa por escoger a los mejores, sino por dejar que cada uno muestre sus potencias. El equipo no se elige; se forma. Parece lo mismo, pero no lo es.

El equipo claramente se forma por sintonía de frecuencias, personas que vibran en la misma calidad de sentimiento. Esto claramente no implica, y sería inútil pretenderlo, que piensen lo mismo o tengan las mismas ideas de cómo llevar adelante el sueño. Mi experiencia me dice que no hay que preocuparse por juntar el equipo, este sintoniza sólo en cuanto yo tengo definido mi sueño. Por la frecuencia vibratoria del sentimiento, cuando ya gané la suficiente certeza en mi sueño, cuando ya lo puedo contar o hablar de él sin miedo a que la duda de los demás me afecte, es en ese momento cuando los que vibran en la misma sintonía se empiezan a reunir. Si lo haces bien, termina enrolando a quienes no tienen que estar. No es de utilidad tratar de convencer a nadie de la importancia o bondades de tu sueño. Mucho tiempo pensé que eso era la clave, terminé formando equipo con personas, geniales pero que debía estar constantemente convenciendo de lo bueno del proyecto, como manteniendo el dulce delante para que avancen. En mi experiencia eso nunca forma un equipo, eso te convierte en un encantador de serpientes. Uno que atrae unas cuantas serpientes que se distraen rápidamente si el encantador deja de tocar la flauta. Cansa al encantador y se pierde mucho tiempo. Si tienes que convencer a alguien pues entonces no vibra en tu frecuencia. Si la sola mención del sueño no lo enrola, él no siente la misma atracción, pues entonces no es la ayuda idónea de la que hablamos. A ver, vamos a hacer una diferencia entre el "equipo" y los especialistas que "el equipo" contrata para temas específicos. A esos hay que enrolarlos, convencerlos y motivarlos. Ellos son "técnicos" que el equipo necesita para llevar adelante su proyecto. Esos necesitas que estén motivados, entusiasmados y, mientras más convencidos del proyecto, mejor. Eso que es fundamental de hacer con los técnicos o personal necesario, es totalmente inútil con los miembros del equipo. Al equipo lo mínimo que le voy a pedir es que esté entusiasmado y motivado. Claro que es ideal que los técnicos o colaboradores necesarios se sumen al equipo. Eso es maravilloso, pero es un resultado, no es necesariamente que así tiene que ser. En el "equipo" el entusiasmo y la motivación es parte de su propia esencia, por su voluntad de participar. Por eso son equipo. El entusiasmo y motivación la deben tener. No es la tarea motivarlos, sino son colaboradores que mal llamas equipo. He aprendido a fuerza de fracasos que los grupos de trabajo exitosos se forman en tres niveles. Equipo, cercanos vibrando en la misma frecuencia, dispuestos a dar el cien por cien por llevar el sueño adelante. Uno sostiene al otro cuando las cosas no parecen salir como lo planearon. Al equipo le importa más el espíritu de lo que están haciendo juntos, la misión, que cualquier otra cosa. Ellos están motivados y son el sostén entre ellos y el cimiento del sueño mismo. Este equipo en muchos casos es sólo de dos: tu pareja o ese amigo con el que vibran en sintonía. El núcleo duro. Después están los colaboradores, tienen cierto grado de compromiso, más o menos. Les gusta la idea, les gustaría que salga, la apoyan. Pueden afrontar ciertas dificultades, pero ante las mínimas falencias están siempre más dispuestos a ver la falla que a solucionarlas. Muy necesarios para el logro. Gran error cometido muchas veces confundir unos con otros. Creer que los colaboradores eran parte del equipo. Puede pasar, en mi experiencia ha pasado muchas veces que un colaborador ingresó al equipo. Se ganó el lugar, se metió por la ventana. A fuerza de su entusiasmo y determinación, ganó su lugar. Genera mucha decepción el suponer que todos los colaboradores son parte del equipo. Eso no es un error de ellos, es del que confundió colaborador con equipo. Yo he estado en esa situación más veces de las que me hubiera gustado. Proyectos grandes, negocios grandes he perdido por esa confusión que me había generado el no saber discernir unos de otros. En tercer lugar, están los técnicos. Estos si están convencidos del proyecto mucho mejor. Si los puedo llegar a enrolar es fantástico. Generan siempre mejores resultados. Pero tampoco es tan necesario que el contador esté totalmente convencido del proyecto. Con los técnicos y con los colaboradores debo generar las mejores relaciones personales. No tienen que haber problemas de personalidad que me dificulten el funcionamiento. Como les decía, no soy ni pretendo ser el pez viejo, mostrándoles a los peces jóvenes que están en el agua. sólo compartirles las experiencias que, si les sirven, tómenlas; y si no, ya saben qué hacer con ellas.

El equipo se forma por encaje de frecuencias, los colaboradores suelen querer participar, porque les gusta el proyecto o les conviene. Pero tienen sus propios intereses. A los técnicos los busco porque los necesito para tareas específicas. A los dos últimos siempre es mejor enrolarlos, motivarlos para que su participación sea desde el sentimiento. Es tu tarea hacerlo, para mejorar el rendimiento. Si tienes que hacerlo con el equipo, no son tu equipo. El equipo tira hacia el mismo objetivo, sí puede marcar detalles, asistir o empujar cuando otro se queda. Por eso es muy importante saber distinguir en ti el equipo de los colaboradores. Si bien es y se forma por encaje de frecuencia, es decir sentir en la misma frecuencia, Esta condición no lo convierte en parte de tu equipo automáticamente. El equipo tiene que sumar y te tiene que impulsar. Por eso procura en la medida de lo posible nunca ser el más inteligente y hábil del equipo, eso es tu techo. Forma equipo con personas que estén en tu nivel o en el escenario ideal por arriba del tuyo. Eso convierte ya al equipo en un desafío. Si tu equipo está por debajo de tu liga y eres "el más inteligente del cuarto", no tienes desafío y se puede convertir en una trampa. El equipo debe evolucionar junto, de lo contrario se transforma en un grupo que con el tiempo se queda desequilibrado. Me ha pasado en otros tiempos formar equipos por afinidad de sentimientos, con personas que llegas a querer mucho, pero por diversas razones se estancan. Por apego a esas personas o esas relaciones destruyes el sueño, por no estar a la altura del desafío. Parece muy frio esto que voy a decir: con ellos sal, júntate, sean amigos, pero si no es un crecimiento parejo en compromiso, creación o forma de comprometerse con el sueño, es tiempo de ya no formar más equipo. En el escenario ideal el equipo tendría que seguir siempre. Los colaboradores o técnicos deberían tener la renovación al tiempo que pierden el entusiasmo o se necesiten nuevas habilidades. EL equipo debería ser el mismo, pero siempre y cuando logre moverse al ritmo del crecimiento que pide un sueño que da miedo, si los asusta, si les crea demasiado compromiso para su nivel de comprensión o disponibilidad momentánea. Pues en vista de preservar el sueño, es necesario mantener el equipo activo y creciendo. Que sea compromiso a la relación y no que tu equipo te lleve a una relación por compromiso. Eso destruye más sueños que la falta de recurso, habilidades u oportunidades. El quedarse apegado a un equipo por los apegos generados es un gran destructor de sueños. La verdad es que me gustaría no tener esta experiencia, no saber esto por las repetidas veces que tropecé con la misma piedra. Porque esas relaciones se sostienen por un compromiso a la imagen, no a la persona. "¿Qué va a pensar de mí?", "Seguro después va a andar diciendo que por ahora me agrande'' o cualquier tipo de cosas que suele decir alguien cuando su nivel de compromiso era distinto. Pero es esa firmeza a la hora de honrar el sueño y no la imagen la que te va a hacer crecer. Eso puede ser mal visto, como ego de tu parte y muchas otras formas peores. Pero es esa falta de compromiso a tu imagen la que te puede hacer lograr el desafío. Nada viene de afuera, todo viene de adentro. Busca el desafío más grande, júntate con los que vibren en tu sintonía, mientras lo hagan. Procura no ser el mejor del equipo. Si tu equipo siempre está pendiente de tu guía o acción, no es un equipo. Tienes un grupo de colaboradores. Rodéate de colaboradores entusiasmados, es tu responsabilidad enrolarlos en tus sueños. Consigue los mejores técnicos, que si los logras convencer de la idea siempre es muchísimo mejor, pero si el técnico cumple con su función es siempre correcto.

Es un buen momento para hacer una distinción que es fundamental en este proceso. Tres palabras que parecen lo mismo, pero que son cosas distintas: líder, liderar, liderazgo. Fácilmente se pueden confundir o pensar que estás hablando de lo mismo, pero no es tan así. Líder es una manera de ser, que no tiene nada que ver con la proyección hacia afuera. Esa manera de ser, la de un líder, está relacionada a la forma en que te guías a ti mismo. La forma en la que te mueves en tu vida, hablas y actúas en el mismo sentido. Líder no se nace, se hace. Yo nunca fui muy disciplinado ni en el estudio ni en muchos hábitos en general. sólo en los últimos años y después de mucho entrenamiento, y por qué no: fracasos. Pude empezar a crear una manera de ser que no tenía, pero que necesitaba. Dejé dos hábitos destructivos que necesitaban ser liderados en mi vida para obtener lo que hasta ese momento no podía obtener. Uno era querer quedar bien con todos todo el tiempo y el otro hacer siempre lo que quería. Ambas son fórmulas de fracaso comprobadas. El querer agradar a todos siempre, puede parecer empático, pero en realidad es de una gran falta de criterio. Es natural que al quedar bien con todos en algo te estés traicionando a ti mismo. Entonces el sentimiento se desarmoniza y con ellos todos los resultados. El hacer siempre lo que quiero pueda parecer una muestra de libertad, pero en realidad no hay nada que te encarcele más que ese hábito destructivo. Crea infinidad de urgentes en tu vida. El ser disciplinado y hacer lo que necesito hacer, siempre evitan la creación de urgentes y me dan el tiempo y la atención que necesito para atender los importantes.

Para salir de esos hábitos que me eran tan naturales, se requirieron mucho esfuerzo y valentía. Romper costumbres que habían formados hábitos. Formar una manera de ser que no tenía, que me llevara a ser el líder de mi propia experiencia. Eso llevó años y trabajo en el que todavía estoy día a día. Por eso puedo aseverar que líder no se nace, se hace, que no tiene que ver con carisma, el carisma puede ser muy enrolador, pero no habla de una manera de ser de líder. sólo sirve para hipnotizar ratones. Un líder sólo busca hipnotizarse a sí mismo, a su lado desordenado, falto de disciplina, coraje, etc. Cuando alguien se empieza a liderar a sí mismo, no haciendo lo que quiere, sino lo que necesita hacer, que quizá no es lo que quiere hacer en ese momento; cuando esa necesidad está guiada desde el sentimiento y el sentimiento guiado desde la conexión por el poder de la atención a lo superior, como cada uno lo entienda como más le resuene o como divinidad, energía superior, Dios, dioses; cuando te mueves guiado por el sentimiento y no por los deseos de tu personalidad, que pueden ser fácilmente querer quedar bien con todos o sólo cumplir sus deseos inmediatos; cuando es la fuerza del sentimiento lo que te mueve, aparecen muchas acciones que necesitas hacer y que probablemente no quieres, porque llevan esfuerzo, dedicación o podrían generar que no quedes bien con alguien. Eso significa que tu manera de ser ya empezó a actuar. Eso ya es liderar. Liderar es un verbo, indica acción. Liderar es la manera de ser de líder en acción. Es la forma de accionar de un líder que resuena con su sueño. Se puede tener una manera de ser de líder y nunca entrar en acción por miles de circunstancias, pero cuando se logran romper todas las barreras y la manera de ser que guía en lo interno empieza a generar en la acción resultados, es que ese líder ya está liderando. Se mueve como siente, piensa y habla. Hay coherencia, tiene todo un mismo sentido. Venció la mirada ajena, su propia inercia a seguir igual, ya va en pos de resultados. Como dirían en el barrio: coordina el audio con el video. Líder, que en su andar lidera, es muy probable que genere liderazgo. Es el liderazgo los resultados del líder en acción. Se puede ser líder en tu vida, pero por compromiso a la imagen no liderar. O preocuparte sólo en generar liderazgo, tratando de quedar bien con todos, pero eso sin duda te va a llevar a contradicciones que van a romper ese débil liderazgo que formaste. Bueno, se vuelve un enredo. A qué va todo esto: tu equipo necesario para cualquier sueño tiene que formar parte de tu liderazgo. Pero este sólo se va a formar y va a ser duradero si primero y principal te lideras a ti mismo, te mueves en la coherencia de ese líder, eso va a generar liderazgo. El líder sólo genera un equipo de líderes. El débil que solamente quiere llenar su ego sólo genera seguidores. Para que tu equipo te permita crear el sueño que asusta, debe ser de líderes. Pero los líderes siguen su propio sentimiento, por lo tanto te van a acompañar el tiempo que sientan hacerlo. El líder comprende que eso no es traición porque no hay nada mejor que liderar líderes. Tu compromiso es con el sueño. Vas a ir juntándote con distintas personas en distintos momentos. El líder, como principalmente, se lidera a sí mismo, no tiene miedo de que sus líderes crezcan y se desarrollen. Por el contrario, no hay mejor satisfacción para él que eso. Al jefe, gurú, guía sólo le interesa tener seguidores que refuercen su falta de firmeza al guiarse a sí mismo. Para hacerlo necesita de los seguidores. El líder se lidera estando sólo. Es un proceso lógico, si se lidera a sí mismo y esto lo lleva a la acción es natural que genere liderazgo que no busca, que no fomenta, que sólo sucede el tiempo que resuene con él. Puede ser siempre o un momento. Él no se debe a "su gente"; se debe a "su sueño" y muchos se enrolan o no, eso no lo hace dejar el sueño. Esto, como tantas otras cosas, las he aprendido de la manera difícil, y cometiendo todos los errores que se podían cometer e inventando otros que todavía no existían. Pero es la forma. El ir comprendiendo esto es lo que te permite manifestar tu sueño, comprender que para llegar a tus sueños primero tuviste que dejarte liderar para después liderarte, generar liderazgo que va a seguir su camino a su tiempo y disfrutar ese proceso. Claro que acá se presenta una gran disyuntiva en el tema del equipo. He aprendido que es preferible atajar potros mil veces que empujar vacas.

8

ganado o tropilla

En ese viaje hacia el sueño que asusta, al que muchas veces no llegué y otras sí, trato de contar mis experiencias. Quizás alguna te sirva sólo como despertador, para estar atento en tu propio proceso. Algo que para mí fue una gran lección tiene que ver con diferenciar los compromisos. Como les contaba en el capítulo anterior, esos dos hábitos de fracaso me persiguieron durante muchos años. Ambos son grandes trabas a la hora de lograr tus sueños. El querer quedar bien con todos todo el tiempo y el hacer siempre lo que quería, por sobre de lo que se necesitaba hacer. Ese hábito muchas veces me llevó a un dilema. Por no hacer lo que se necesitaba hacer en el momento, y justamente no hacerlo porque pudiera no hacerme quedar bien con alguien, varios proyectos, sueños maravillosos se perdían. Como les conté a los que leyeron "Esto también va a pasar", mi primer libro, a los que no lo leyeron claro que se los recomiendo: tengo mucha experiencia en cosas que no salieron bien. Muchas de esas no salieron bien justamente por este tema. Es fundamental la ayuda idónea, nadie llega sólo y se requiere un equipo. Pero un equipo de líderes. Esto trae un problema. Un equipo de verdaderos líderes es un problema. Pero como decía un antiguo jefe del mundo corporativo: "Es preferible atajar potros que empujar vacas". Formar un equipo de líderes es lidiar con potros salvajes todo el tiempo, lleva miles de problemas, miles de desafíos constantes. Pero es infinitamente preferible a empujar vacas. Tener un puñado de vacas que te acompañen es lindo, tranquilo y divertido. No molestan, tampoco obtienen los resultados que quieres. Es un desafío bajo, son queribles, amistosas. Te puedes hacer de grandes amigos en esa especie, pero no las lleves a tus equipos para lograr grandes desafíos. Eso es liderarte: saber qué y con quién tienes que ir. Siempre tienes que estar empujando, motivando y llevando a ese tipo de personalidades. Cuál es el desafío acá. Que si vas en busca de un sueño dentro de la caja, dentro de tu rango de habilidades, entonces está perfecto: puedes ir con ellos si tus habilidades te llevan hasta ese resultado. Son grata compañía que sin duda ayuda y te acompaña a ir adonde irías de todos modos más temprano o más tarde. Pero estamos hablando de un sueño fuera de tu zona de confort. De ir adonde todavía no fuiste, crear lo que todavía no creaste. Obtener resultados por sobre tu rango de habilidades actuales. Desafiar tus límites creativos. Las personas que hay que estar impulsando y motivando están dentro de tu zona de confort. Eso te cansa un poco, pero es un desafío bajo. Cuando vas por un resultado extraordinario, parte del estar fuera de la zona de comodidad, es que necesitas potros. Los potros no son fáciles de llevar. Son líderes, están en creación permanente. Eso los hace difíciles de guiar. Pero para conseguir un resultado extraordinario siempre es mejor gastar energías en frenar potros, que consumirlas en empujar vacas.

Eso conlleva un desafío. Una vez comprendí el funcionamiento de las tropas de caballos y tienen dos formas de avanzar. O siguen a la yegua guía o son empujados por el padrillo desde atrás. A los potros no les gusta que los empuje el padrillo y cuando tienen la fuerza lo enfrentan. Pero siguen cuando la yegua guía se gana su respeto. Es cuestión de convertirse en la yegua guía, y en el tiempo en que lo deseen te seguirán. Con los potros no sirve actuar como padrillo, que enviste, muerde y empuja. Con ellos hay que saber ser la yegua no los guía, que por alguna razón parece saber adónde va. No saben si es donde a ellos les gustará, pero seguro les va a servir. La yegua los guía para sus ímpetus, pero desde el conocimiento del camino la actitud de la líder es lo que la hace liderar la manada.

Estás buscando realizar un sueño que te asusta, ¿con quién vas a ir? ¿Con quién vas a formar tu equipo? Si la respuesta es "no tengo a nadie lo voy a hacer yo sólo", lo primera que me atrevería a decirte con todo el respeto que pueda es "estás equivocado". Siempre tienes que hacerlo con equipo, tu apoyo; tu pareja, quien te permita crear y expandirte dentro de sus redes de relaciones; quizás tu actividad, la que implica que tu sueño es sólo el juego de una sola persona. Por ejemplo: un tenista que sale sólo a la cancha, pero tiene un equipo detrás que sostiene ese proceso. Todos necesitamos ese equipo en uno u otro ámbito del desarrollo. Nadie tiene más éxito que el que su capacidad de relacionarse le permite. Entendiendo esto, busca tu equipo de apoyo. Si ya lo tienes, revisa cuánta energía ocupas en pararlos o en empujarlos. Pues la energía en empujarlos está desperdiciada. Son personas que siempre vas a mantener en tus afectos si ese fuera el caso, pero, aunque no quieras, necesitas fuera del proyecto. Eso es hacer lo que necesitas, no lo que quieres. Busca la forma y la manera en que, en el mayor amor y la mayor armonía, y agradecimiento que puedas expresar, logres ir separando las vacas del equipo. La energía usada para frenar potros es buena. Esos son los que hay que potenciar. Los potros en algún momento pueden tomar su camino. Eso es natural, parte del camino, se enrolan porque les sirve y les gusta donde vas, pero siempre está latente su propio camino. Es su naturaleza, te van a acompañar el tiempo que ellos lo sientan nada más, y sin ningún problema, en determinado momento van a seguir su corazón y sus propios sueños. Las vacas no, ése es el problema: se te quedan pegadas. Claro que en términos corporativos eso es hasta más calificado. Si invierto y lo entreno quiero que se me quede siempre. No uno que en un tiempo se me vaya porque tengo que entrenar otro, etc. Debo entender ese razonamiento en términos de costos de formación y entrenamiento. Pero la verdad es que los potros, el tiempo que están contigo, que siempre es incierto, impulsan tanto tu proyecto como nunca lo harían las vacas. Por eso, aunque no sea cómodo o rentable, siempre es preferible rodearse de potros. Más si vas en búsqueda de resultados extraordinarios. Los potros, por su propia condición, son creadores constantes. Muchas veces te va a tocar frenarlos. Pero no siempre. Recuerda: nunca seas el más inteligente del cuarto. Escucha, activa, cuando un potro crea y se meta en el proyecto el tiempo que está, su propia naturaleza lo hace ser una usina de ideas. Muchas no estarán alineadas y tu posición de director técnico te llevará a decir "no es el momento o la manera". Pero muchas otras te van a abrir a un campo de posibilidades nuevas. La manera de que los potros se queden más tiempo y se queden siendo potros es incluirlos en el sueño que también sea parte de su crecimiento y que pueden expresar toda su fuerza creativa. Eso potencia tu sueño. Es parte de lo que asusta, no sólo el sueño en sí, sino todo el desafío que es juntarse con potros para lograrlo. Lo sé por experiencia de hace muchos años y de hoy día. Juntarse con potros es toda una maestría en sí misma. Pero es una que quieres tener. No solamente por los resultados que vas a lograr, sino por todo lo que vas a crecer en el sólo hecho de hacerlo con potros. También hay que tener el frio razonamiento que te permita ver cuándo su naturaleza está siendo un freno, en algún momento así se vuelve. Para tu sueño, es momento de reordenar y el del seguir su camino. Eso no implica mala resolución de la relación, que puede ser momentánea, aunque no inevitable en ese trance. Pero, en lo que respecta a los potros que crecieron contigo, también es un placer verlos correr sólos.

Este es un punto fundamental en la concretización

del sueño que asusta. Con quien vas, termina siendo un factor determinante. Muchísimo más que cuándo o con qué recursos. Cuando se resuelve rápido, esa respuesta es sencilla. El tiempo para poner en marcha tu sueño es ahora. Nunca vas a tener un mejor momento que éste. Nunca vas a estar más preparado, nunca las situaciones externas, políticas, sociales o familiares van a ser mejores que las de hoy. No importa las mentiras que te cuenten tus propios miedos, los miedos las llaman "razones", pero en realidad son sólo escusas para no ser quien debo ser. Deja de esperar; es ahora. Grandes proyectos han florecido en los peores momentos. Los momentos los hacemos nosotros. Es simplemente empezar. Los recursos que suelen parecer siempre la gran traba sólo tienen una traba y es tu ego. Repito a riesgo de ser reiterativo: nadie tiene más éxito que el que su capacidad de relacionarse le permite. El mundo está literalmente lleno de personas dispuestas a financiar ideas. Lo que falta no es dinero, son ideas. Para eso hay que saber relacionarse, eso es liderarse. No importa cómo es tu personalidad, no me cuentes cómo eres. Crea la personalidad que necesitas tener. Eso no es negarte a ti, ni ser quien no eres, ni ser falso. Es diseñar quién tienes que ser en este momento. Quizá no eres ordenado, pero llegó el tiempo de serlo. O no eres puntual y debes serlo, ser lo que necesites ser para generar más y mejores relaciones. Si no las tienes, moldéalas con esfuerzo y dedicación. Hacer lo que necesitas, no lo que quieres, eso es liderarse a sí mismo. ¿Por qué digo que el problema de recursos es de ego? Porque es tu ego el que no quiere pedir, ceder parte de sus ganancias o simplemente negociar por compromiso a la imagen o miedo al rechazo que es simplemente compromiso a la imagen. Lidérate a ti mismo, ten la forma de accionar de un líder. Parte de tu liderazgo es que gente te ofrezca un recurso para invertir sin que se lo pidas. Tienes que decir: "Gracias", "Lo tengo en cuenta cualquier cosa". Lo qué falta en el mundo no es dinero, son ideas y líderes confiables. Sé un líder, lidera en tu andar y los recursos van a ser el primer resultado de tu liderazgo. Recuerda: avanzar empujando vacas es cómodo, pero cansa y resta fuerza. Detener potros puede cansar, pero también te llena de bríos.

9
éxito, no ganar

Ha habido muchas situaciones en las que he perdido sueños en diferentes tiempos. También, para ser justo con la historia, hay muchas otras en las que he ganado. Claro que vale aclarar que no siempre que gané fue una victoria. Alguien podría decir: "¿Cómo? ¿'ganar' y 'victoria' no es lo mismo? No, no lo es. Por lo menos en mi experiencia he comprobado que no es lo mismo. Ganar es sólo lograr el objetivo. Victoria es un término más completo que implica algo mucho más grande. Muchas veces el ganar se puede transformar en ganar a lo Pirro. ¿Qué significa eso? El nombre proviene de Pirro, rey de Epiro, quien logró una victoria sobre los romanos con el costo de miles de sus hombres. En la batalla de Heraclea tuvo lugar en el 280 a. C. Dice la historia que Pirro de Heraclea, al contemplar el resultado de la batalla, dijo: "Otra victoria como esta y volveré sólo a casa". De hecho, hoy se usa el termino victoria pírrica para mencionar una victoria en la que para lograrla perdiste más de la cuenta. Si el foco, si tu sueño solamente implica conseguir un logro, buscar una meta sin que sea una victoria completa, ese sueño no vale la pena ser realizado, por mucho que lo desees. El sueño de una vida no sólo tiene que ser conseguir lo que crees que quieres tener. Para ser una victoria al llegar a concretar el sueño debes poder mirar al costado y tener con quienes festejarlo. Que no solamente lo festejes con tus empleados, si ese fuera el caso. Una victoria es cuando el sueño incluye a otro en el logro.

Que se transforme en una victoria no sólo para tus deseos. Que sea un proyecto completo de vida. Si incluye a otros que también puedan utilizar tu sueño, como trampolín de sus propios sueños, entonces eso es un privilegio. Que sigan en pos de sus sueños, pero que el tuyo sea el impulso, el camino de otros soñadores, tanto los que te van a acompañar siempre como lo que sólo lo harán una porción del camino. Todos ellos deben formar parte de tu victoria. Que la tuya sea la de ellos. Cuando ellos obtengan las suyas también serán un poco tuyas. Es concretar tus sueños, de eso no tengo dudas. Pero llegar, conservando los afectos y las relaciones, no se trata de buscar a todo costo el logro, porque el llegar habiéndose cargado todas tus relaciones en el camino no es victoria, es solamente ganar. Sí, darlo todo, pero no a costa de todos. Esto exige elegir con quienes vas a formar el equipo, los que necesites por sobre los que quieres que lo formen, pero eso realizado desde el mayor amor y compasión del que seamos capaces para cuando sea el momento de festejar. Esos que elegiste no incorporar a tu equipo son parte del festejo porque son parte de tus afectos. Quizás algún afecto cercano se asusta y se opone por preocupación o por su propia visión del mundo. Eso pasa siempre. Si te quieren y desde tu lado, más allá de seguir en contra de su opinión, no profundizas la separación. Entonces después esas se cerrarán, cuando en la victoria los incluyas hasta a esos que no te entendieron en su momento. Para lograr lo que sueñas, pero todavía no lograste, vas a tener que transformarte en quien todavía no eres. Pero eso no implica perder la esencia de lo que eres. No es meramente resultadista el tema. Quiero lograr mi sueño, también quiero poder festejarlo con "los míos". Los míos de antes, los de ahora, los de siempre. Muchas veces he caído en la trampa de decir: "Lo hago por vos o por nosotros". La verdad que eso sí es parte de la historia, pero siempre hay una gran parte de ego en el hecho de lograrlo. Ser claro en esto me importa. El ego no es malo, el ego nos permite avanzar y lograr los sueños. Pero al ego inferior, la mente externa, la personalidad muchas veces sólo le interesa ganar. Es donde nuevamente me tengo que liderar e imponer al ser que todos somos. Porque él es, en esencia, sólo victoria. Es decir, quien realmente somos, es pura victoria, pero nunca a lo Pirro. Es al ego menor que siempre está más comprometido a como lo ven los demás que a ser una posibilidad para los demás. Es tanto así que no le importa cómo, qué o a quiénes pierde; sólo le importa ganar. Liderarme a mí mismo, en ese caso, es ponerle toda la garra, toda la atención, toda la lívido al proyecto. Debes hacerlo sin descuidar a los tuyos, a la familia, los amigos, el disfrute. Claro que es liderarse, ordenarse, dirigirse, disciplinarse, ordenar tiempos, propiedades y principalmente atenciones. Si estamos en momentos cruciales del proyecto es probable que tengamos menos tiempo disponible. Pues entonces que sea menos tiempo, pero más atención. Estar poco, si es lo que toca en este tiempo. Pero ese poco tiempo estoy con el cien por ciento de mi atención en ese momento. Ni todo para un lado, ni todo para el otro. He aprendido con los años a ponerme horarios. Yo si me descuido me vuelvo trabajólico. Me vuelvo obsesionado en lo que estoy haciendo. Lo disfruto sobre manera el concretizar una idea, un sueño. Pero he aprendido a liderarme en ese sentido. "A": prefijo de negación griego. Prender, agarrar, tomar. Aprender es justamente sin agarrar, sin prender. Es lo que no tenía, que debo incorporar. Para tomar algo nuevo debo soltar algo viejo. Liderarse, hacer lo que necesito no lo que tengo ganas. Aprender a organizar los tiempos. No lo sé, no lo tengo prendido. Por lo tanto, tengo que ponerle mucha atención a lo que no tengo prendido. Todas las relaciones necesitan para crecer y fortalecerse dos cosas indispensables: espacio y contexto. No es sólo: "Tú sabes que yo te amo". No, ojalá no caigan en ese engaño, en el que caí muchas veces. Un error que cometí muchas veces es pensar que el espacio y el contexto están implícitos con tu pareja, por el sólo hechos de que lo es. O con tus padres o hijos. O Amigos o socios, como compartimos tiempo tenemos espacio y contexto para que nuestra relación crezca. No, el estar juntos mucho tiempo o poco no implica mucho o poco espacio. Es una creación de la que me hago cargo, crear esos espacios, aunque sean de forma virtuales. Este minuto, estoy para ti. El tener vidas compartidas no implica contextos para que nuestra relación crezca. Hablar del día de lo que hiciste con tu pareja como con la vecina, no fortalece la relación, al contrario. Es crear el contexto para poder comunicarnos. Eso hace crecer la relación. Para crecer y afianzarse necesitan de un espacio donde crecer y que en ese espacio exista un contexto para relacionarse. Por eso ahora, en la planificación de mi día o semana, no sólo está todo lo que debo hacer por mi sueño, sino también el espacio para cada uno de mis afectos. Aunque me cueste liderarme, porque digo ''este tiempo lo podría estar empleando en avanzar en mi proyecto, que es lo que hoy me tiene más enganchado''. El saber cuidar los espacios y crear los contextos es lo que te va a permitir que cuando ganes puedas festejar esa victoria con los tuyos. Entonces eso hace mucho más importante tu sueño. Muchas veces mi ego me ha engañado y muchas veces he caído en sus trampas. Hoy intento que no suceda tan seguido. En historias como este sueño de concretarse es en bien de la humanidad o quizás solamente de un grupo de gente, tratando de decir: ''es por el bien de la mayoría''. Ya habrá tiempo para ellos. El maestro Jesús decía: ''...a tu prójimo como a ti mismo''. Y la abuela siempre decía: ''La caridad empieza por casa''. Si no pueden ser atentos con los pocos, es solamente un ego importante el que te quiere hacer creer que estas siendo atento a los muchos.

Mis actividades, talleres conferencias etc., durante muchos años seguido me han tenido viajando constantemente. El viajar o no estar no implica no tener el espacio y crear el contexto para sostener las relaciones, haciéndote siempre cien por ciento cargo de la relación. No es verdad eso de que una relación es cincuenta y cincuenta. Dos personas permanecen unidas a pesar de cualquier circunstancia cuando cada uno se hace cien por ciento cargo de la relación. Es algo que he aprendido de Adri, mi gran compañera. Me ha enseñado, entra tantas cosas, a hacerme cien por ciento cargo de la relación. Porque eso es lo que ella siempre hace.

Es lo más excitante del mundo poner en marcha una idea y ver que se vaya materializando. Pero hay que saberse liderar a uno mismo. Armonizar los tiempos. Un tiempo para cada cosa. En la planificación de cosas, también un tiempo para los tuyos y tiempo de calidad.

Esto sólo intenta hacerte tomar en cuenta todo el contexto para poner el sueño en ejecución. Poner un sueño en marcha es una gran transformación interna. El sueño que asusta, el llevarlo adelante va a transformar tu vida, o tus finanzas. Porque todo empieza en uno. Primero va a transformarte a ti. Tienes que ser alguien que todavía no eres para lograr lo que todavía no lograste. Eso requiere mucha reeducación, reformación y volver a crear hábitos. Todavía no eres quien vas a llegar a ser. ¿Por qué estoy tan seguro? Porque si lo fueras ya hubieras logrado tu sueño. YO no soy quien voy a llegar a ser, porque todavía no logré lo que sueño lograr. Me falta mucha transformación para ser quien debo ser para lograr lo que debo lograr. Materializar un sueño que asuste es un viaje de ida que no termina nunca. Tiene sus reglas y principios. Pero claramente no lo vas a lograr siendo el mismo de siempre. Vas a tener que transformarte para hacerlo. Eso es lo maravilloso de los sueños y lo que realmente importa: el viaje, más allá del destino, el viaje interno que emprendes cuando vas por él. Ya no vas a ser el mismo y eso es lo bueno. Tendrás la fuerza para sacar la atención de lo urgente, de todos los urgentes que tiene la vida para llevarla a lo importante, que es transformarte para lograr un sueño. Es el gran viaje. Cuando llegas, porque también muchas veces he llegado. Inmediatamente crece en ti uno nuevo, más desafiante, para el cual no estás preparado. Implica más transformación, más crecimiento. Más amor y mayor conexión. Por eso, sin duda, aseguro que todos los soñadores no somos quienes vamos a llegar a ser. Porque todavía no estamos donde vamos a estar.

10

cumplir sueños

Tanto hablar y meditar sobre los sueños me trae también una reflexión. Es que, si bien creamos desde lo invisible, manifestamos lo que todavía no está. Creamos lo que no existe. Eso no implica el pensamiento mágico. Cumplir un sueño que al principio te asuste, es pensar fuera de caja. Es salir de la zona de confort, es no soñar el sueño de los que soñaron antes. Es ser intrépido, que es quien hace frente sin temor a las situaciones de peligro. Pero no se trata de ser audaz, que es quien es capaz de emprender acciones poco comunes sin temer las dificultades o el riesgo que implican. Un intrépido salta del avión, con el paracaídas. El audaz salta porque no tiene miedo, pero tampoco puede entender lo que eso implica. Para explicar este punto quiero contarles la historia de Dédalo y su hijo Ícaro. Hay que ser Dédalo y no Ícaro.

Pero quiénes eran Dédalo y su hijo Ícaro. Situémonos en la antigua Grecia. Sin demasiado detalles sólo para entender quién era el tal Dédalo. Era el arquitecto, artesano e inventor más importante y famoso que vivía en Atenas. De una habilidad legendaria. Aprendió su arte de la misma diosa Atenea. Era famoso por construir el laberinto de Creta e inventar naves que navegaban bajo el mar. O eso se contaba de él. Se casó con una bella mujer de Creta, Ariadna, la reina araña. Tuvo dos hijos llamados Ícaro y Yápige. Su sobrino Talos era su discípulo, gozaba del don de la creación, era la clase de hijo con que Dédalo soñaba. Pero su hijo era Ícaro. Talos pronto resultó más inteligente que él mismo Dédalo, porque con sólo doce años inventó la sierra, inspirándose en la espina de los peces; al compararlo con su hijo Ícaro, que parecía siempre más irresponsable, Dédalo notaba la diferencia y no le gustaba.

Una noche subieron al tejado Dédalo, Talos e Ícaro. Desde allí, divisando Atenas, veían las aves e imaginaban distintos mecanismos para volar. Ícaro se marchó cansado, y después de engañar Dédalo a Talos, lo mató empujándolo desde lo alto del tejado de la Acrópolis. Al darse cuenta del gran error que había cometido, para evitar ser castigado por los atenienses, huyeron a la isla de Creta, donde el rey Minos los recibió muy amistosamente y les encargaron muchos trabajos. El rey Minos, que había ofendido al rey Poseidón, recibió como venganza de parte de éste, que la reina Pasifae, su esposa, se enamorara de un toro. Fruto de este amor nació el Minotauro, un monstruo mitad hombre y mitad toro. Cosas raras que les pasaban a los antiguos griegos.

Durante la estancia de Dédalo e Ícaro en Creta, el rey Minos les reveló que tenía que encerrar al Minotauro. Para encerrarlo, Minos ordenó a Dédalo construir un laberinto formado por muchísimos pasadizos dispuestos de una forma tan complicada que era imposible encontrar la salida, ya que él era el famoso constructor del laberinto de Creta. Pero Minos, para que nadie supiera cómo salir de él, encerró también a Dédalo y a su hijo Ícaro. Estuvieron allí encerrados durante mucho tiempo. Desesperados por salir, después de varios intentos fallidos, se le ocurrió a Dédalo la idea de fabricar unas alas, con plumas de pájaros y cera de abejas, con las que podrían escapar volando del laberinto de Creta. Antes de salir, Dédalo le advirtió a su hijo Ícaro que no volara demasiado alto, porque si se acercaba al Sol, la cera de sus alas se derretiría y tampoco demasiado bajo porque las alas se le mojarían y se harían demasiado pesadas para poder volar. Le explicó a su hijo lo audaz del plan. Poder volar como los pájaros hacia la libertad. Pero le explicó, le advirtió de los peligros de ser demasiado audaz. El plan era osado, creativo, rompía las normas de la época. Bueno, de todas las épocas. Volar como los pájaros. Pero hasta el volar como los pájaros tenía sus normas. Ser intrépido no significa no medir riesgos y no respetar reglas. Dédalo explicó claramente estos detalles a su hijo. Ni muy cerca del sol, ni muy cerca del mar. El sol derretiría la cera, y el mar haría pesadas las alas. Empezaron el viaje y al principio Ícaro obedeció sus consejos, volaba al lado suyo. De repente vio en una isla a unas jóvenes bañándose con poca ropa en la playa. Ícaro era joven, y le gustó la idea de hacer vuelos bajos para impactar a las muchachas. Su padre le pedía que elevara su vuelo por sus alas. El muchacho pensó que su padre era demasiado cuidadoso, que lo tenía todo controlado. Las chicas respondían a sus vuelos y más lo motivaban a seguir. Hasta que sintió que sus alas se volvían pesadas. En ese momento, sin pensarlo un segundo, se elevó para acercarse al sol. Empezó a volar cada vez más alto y olvidándose de los consejos de su padre, el cual trataba de impedir que siguiera subiendo sin lograr ese resultado. Ícaro se acercó tanto al Sol que se derritió la cera que sujetaba las plumas de sus alas, cayó al mar y se ahogó. Dédalo recogió a su hijo y lo enterró en una pequeña isla que más tarde recibió el nombre de Icaria. Después de la muerte de Ícaro, Dédalo llegó a la isla de Sicilia, donde vivió hasta su muerte en la corte del rey Cócalo. Esa es la historia de cómo el creativo y audaz Dédalo, que si bien había matado por envidia, había encontrado la libertad en el laberinto del Minotauro. Pero el audaz Ícaro murió en el mismo intento. La historia de estos dos deja muchas claves que develar. Pero la principal es que las creaciones más maravillosas requieren de una cuota de valor, sin duda. Crear lo que no existe te implica un salto al vacío. Pero eso no implica que no tenga reglas. Que ser un audaz que no mide ningún riesgo sea la clave. Claro que ir por el sueño que te puede sacar de la zona de confort lleva implícitos riesgos. Crear lo que todavía no existe, por lo menos en tu experiencia, conlleva riesgo, creatividad, romper tus propios límites. Ser quien todavía no eres. Pero claramente tampoco implica no medir nada. Sí, claro: no medir nada a la hora de desatar todas tus potencias, al arriesgarte a salir de la zona de confort. Pero tampoco como aconsejaba Dédalo. Ni muy bajo, que tus alas se vuelvan pesadas y no puedas volar, ni cerca del sol donde se derritan. Yo sé que es muy tentador, de hecho, lo he dicho y repetido muchas veces de más joven. "Es preferible morir quemado que apagarse lentamente" y eso Dios y algunos más saben que me ha costado lo suyo. Hoy entiendo que es preferible no morir quemado y que tampoco la cuestión es apagarse lentamente. Dédalo se animó a lo que no existía, pero sabía que hasta lo imposible tiene sus reglas. Ícaro pensó que, si ya habían logrado lo que ningún hombre había logrado todavía, ya estaban para igualar a los dioses y él ya no tenía limites que lo ataran. Parece una contradicción hablar de soñar sin límites, mantenerse en ese espacio intermedio del que hablaba Dédalo. Ni muy alto ni muy bajo. Pero no es una contradicción. Cuando decimos ''sin límites'', no estamos hablando de pensamiento mágico. Creer que nada cuenta, que no tienes que respetar ni la ley de gravedad con tal de cumplir tu sueño. La verdad es que es sí, pero no. Debemos estar despiertos, tomar riesgos todos los días. Saltar al vacío a cada instante. Pero ser astutos. En Mateo 10,16 dice: "En aquel tiempo, dijo Jesús a sus apóstoles: 'Mirad que os mando como ovejas entre lobos; por eso sed sagaces como serpientes y sencillos como palomas'". Salir a la vida en busca de un sueño que desafía el sueño de los que soñaron antes, poder crear lo que todavía no se intentó, es claramente ser una oveja entre lobos. Si bien el maestro Jesús lo explicaba en otro contexto, bien nos sirve a los soñadores como advertencia. Como las de Dédalo a Ícaro. A la gran masa dormida le asusta un soñador por fuera de la norma, quien no respeta ciertos límites, los que tratan de imponernos los "no se puede", "no es momento", "no tiene suficiente dinero". Limites que los soñadores no respetamos y no escuchamos. Pero eso no nos hace audaces, sólo intrépidos. Movernos astutos como serpientes, pero mansos como palomas. No pelear todas las batallas por el sólo gusto de la lucha. Elegirlas con quién y en qué momento. Bajo ningún punto de vista esto nos hace menos creativos. Dédalo quería volar con alas hechas de plumas de aves pegadas con cera. Claramente no era un creador convencional. Pero también sabía que debía cuidar ciertos parámetros. Saber con quién y en qué momentos encarar las conversaciones que estén destinadas a materializar tus sueños. No sólo a incomodar al otro con la sola intención de mostrarle que eres un despierto sin límites y él sólo otro dormido más. Ante cada paso debes ver y analizar si eso te acerca o te aleja más de la manifestación de tu sueño. Si hablamos de San Martin, el gran libertador de media sur América, podemos decir que su gran hazaña, el cruce de los Andes, es todavía estudiada en las grandes academias militares del mundo como una proeza no sólo militar, sino logística, organizativa. Una proeza que conllevó mucha imaginación y audacia nunca realizada. Proeza en la que ninguno de sus contemporáneos creía, la cual algunos adjudican parte del plan británico diseñado por el general escocés Thomas Maitland, para la conquista de Sud América. Pudiendo ser que se hubiera inspirado en una creación anterior, él fue quien la llevó a la manifestación y a su real esplendor. Igualmente le tomó tres años de planeación, así mismo tuvo que resolver muchas cosas sobre la marcha. Si bien había planeado cada detalle, también tenía la libertad de improvisar sobre sus propios planes en marcha. Esa flexibilidad solamente la tienen los grandes líderes. Tomó riesgos, tomo quizás una idea de otro también. Pero tuvo el coraje de llevarla adelante. Planificó, organizó, se preparó. Fue flexible con su mismo plan. Pero nunca fue un audaz, sólo fue muy intrépido y con un gran sueño por delante. Ya que tenemos algunos puntos establecidos, nos falta sólo uno para poder crear y materializar nuestro sueño. Hacer lo que todavía no se hizo o llevar a otro nivel lo que ya existe, cualquiera sea el entorno de tu sueño, astuto como serpiente…

11
el barco se maneja con el...

Ya hemos establecido el sueño, lo hemos bajado a papel, hemos elegido con quién ir. Ya tenemos una planificación, hemos decidido ser audaces a más no poder, sin ser audaz. Pues ahora ha llegado el momento de ponernos al timón del barco. No esperar que la providencia lleve tu barco a destino. Hay que soltar amarras, cazar las escotas, ajustar las velas, tomar el timón y ponerse en marcha. Recuerdo cuando aprendí a navegar a vela, tomaba un curso con una gente muy preparada en un hermoso barco, el "Blue Moon". Lecciones fundamentales. Muy técnicas, verdaderos profesores. Pero las verdaderas lecciones, que fueron pocas pero poderosas, me las dio el gran Dingui, un viejo lobo de Rio de la Plata. Padre de un gran amigo. Las primeras palabras que me dijo arriba de un velero parecían en otro idioma: "Caza la escota, pásala por el trinquete y hazla firme en la cornamusa". Ese extraño idioma de marineros que aprendí a comprender. Un hombre de rio, la imagen que pudieran tener de un marinero, ése era Dingui, un Popeye argentino del Rio de la Plata que bien podría haber sido el Ismael de Melville en su Moby Dick. Era un gran piloto de regatas. Un día, saliendo a navegar y con todas las cosas enseñadas en el curso de timonel, él en su estilo marinero me dijo, ante una especie de examen improvisado de lo aprendido en el curso, cuándo cazar o cuándo filar. "Nada de eso, el barco se maneja con las posaderas". Bueno, realmente esa no fue la palabra que él eligió para referirse a esa parte, pero creo que ustedes entenderán. Es fundamental, el barco se maneja con eso. ¿Qué significa eso? No hay más guía que lo que sientes, hay que estar lo suficientemente flexible para dejarte guiar por el sentimiento. No con la emoción descontrolada del evento que está sucediendo, sino con la calma del sentimiento que proviene o debería provenir de tu conexión superior. A eso que te guía, tu espíritu, tu dios, la fuente, lo que sea que creas que te guía. Tu corazón. No el descontrol del campo emocional que provoca un evento. ¿Qué es descontrol de una emoción que provoca un evento? Los eventos son inmanejables, suceden y cuando no tengo el suficiente entrenamiento. Ante un evento inmanejable el campo emocional se dispara, ese siempre es un mal consejo. Él, como timonel de regatas que había atravesado mil broncas, como llaman a las tormentas en el río, sabía exactamente que podía pasar mil imprevistos. Que la técnica podía dictar normas, pero que la guía interior, era lo que había que obedecer en esos momentos, eso que él ubicaba en una parte particular del cuerpo, pero que podríamos situar en el pecho o el centro cardiaco, no guía lo que te devuelven tus ojos, tus oídos o entendimiento.

La guía es interna, aunque esta contradiga a los otros tres.

Por ejemplo, yo amo a mi hija, ese es el sentimiento base. Ese sentimiento que no se altera. Asimismo, ese sentimiento no evita que, ante un evento, la ropa tirada, todo el día en el móvil o lo que sea, mi campo emocional se descontrole. En ese momento el sentimiento no es amor, justamente. Pero la fuerza o la potencia de la emoción no invalida el sentimiento base que tengo. El sentimiento de base no permite que ese descontrol tome el control. Me estoy refiriendo a no manejar el barco de tus sueños con la calentura del momento, ante cualquier cosa que pudiera pasar. Cuando hablamos de guiar el barco con lo que decía Dingui, llegado el momento de guiar tu sueño, la única guía es interna, desde el sentimiento. Debes buscar que sea ese sentimiento el que te guíe. Nadie más, ni las lecciones aprendidas sobre qué hacer o cómo se deben hacer ciertas cosas. Pon en marcha el barco y ten la suficiente flexibilidad para que sea el sentimiento base el que guie el barco con los golpes de timón que sientas que tienes que dar. Pero que sea desde la calma y no sobre la emoción del momento. Tres momentos que no son ideales para tomar decisiones: no decidir cuando estás enojado, no comprometerte cuando estás muy feliz, no abandonar cuando acaba de suceder un fracaso. Que esos golpes de timón no estén motivados por un evento, sino por el sentimiento que te guía, no la emoción del evento que acaba de suceder. Ese sentimiento que nace de lo más profundo de tu ser. El evento incontrolable, la circunstancia provoca descontrol del campo emocional. Da lo mismo que sea miedo o alegría descontrolada. Esos sentimientos provocados por eventos o resultados externos me pueden provocar errores en el manejo de la situación, producto de ese descontrol del campo emocional. Por ejemplo, vengo poniendo en marcha mi sueño, y pasa algo, no sé, una pandemia global. Entonces por miedo, angustia o desesperación, giro el timón motivado por el sentimiento de miedo o angustia. Si giro y manejo mi sueño, proyecto, motivado por el descontrol del campo emocional que provocan los eventos externos, es muy probable que encalle mi sueño en medio de ese evento. Es ante esos eventos que tengo que buscar la calma, la línea media, la conexión superior que calle las voces externas y pueda sentir lo que en calma, con firmeza mi corazón dicta. Y confiar en su dictado. Nunca se equivoca. Siempre antes de escucharlo, debo estar muy seguro de estar calmado. Debo hacer silencio del ruido externo. Claramente yo te diría que la clave es la conexión a través de la pineal. Pero de la forma o la manera que conozcas para alinearte está perfecta. Guiar el barco de la manera que me decía Dingui. Ese sentir cada cambio, cada giro del momento. No llevarte por lo aprendido, sino por el sentimiento. Es estar dispuesto a girar, no cuando dice el manual, sino cuando sientes que es el momento correcto desde tu conexión. Eso te puede llevar a hacer cosas que la gran mayoría no va a entender y probablemente va a criticar. Es normal, ni siquiera debería asombrarte. Schopenhauer dice que una nueva idea, en realidad él dice la verdad, pasa por tres etapas. Primero es ridiculizada, después recibe violento ataque, pero finalmente es aceptada. Un cambio de timón guiado por el sentimiento puede fácilmente verse como algo anticultural. He experimentado muchas veces el proceso del que habla Schopenhauer. No me atrevería a decir que se debía a que hablaba la verdad, sino simplemente a que era mi verdad, la que nace del sentimiento. Seguir la guía interna no es la mejor opción. Es la única opción para el éxito de una empresa. No digo que no hay que escuchar la guía o los consejos de expertos, claro, cuando opinan de los temas en que son expertos. Sí escucharlos, pero decidir desde el sentimiento, que es la guía correcta. El sentimiento nunca ha sido un consejero errado. Todos tus errores siempre provinieron desde el pensamiento, cargado de conocimientos y evaluaciones externas. La clave siempre es la misma: todo viene de adentro, nada viene de afuera, muchas veces lo que parece la opción racional y correcta es cargada de opiniones, juicios que te fueron impuestos desde afuera. El sueño de los que soñaron antes que tú. Muchas veces, aunque sea mi pensamiento, mis conocimientos son solamente un cúmulo de mandatos externos. Seguir a alguien o conceptos externos sólo te lleva hasta donde el otro quiere ir. La única guía es interna y esa proviene del sentimiento calmo por estar en tu centro. Sangre caliente, pero sentimiento calmo. La razón y todos los conocimientos adquiridos, consejos recibidos sólo sirven para saber cómo llevar a cabo lo que el sentimiento manda. Desde el sentimiento manda algo en ti, que eres tú mismo, pero mucho más que tú. Desde esa guía interna es de donde viene, no solamente el sueño, sino también la determinación y guía para lograrlo. Del creador incansable e imparable que realmente eres. Si no lo guías desde el sentimiento es probable que todo salga para el culo.

12
tres acciones por día

Seguimos preparándonos. Pero ya es tiempo de empezar. Todavía no está todo listo, todavía yo no estoy listo. Antes tengo que resolver muchos urgentes. Situaciones que debo acomodar antes de poder dedicarme de lleno a concretar mi sueño. Ni si quiera vamos a discutir ese punto. Porque ciertamente hay urgentes que acomodar muchas veces, pero sin perder de vista lo importante. Lo que más me cuesta es ordenarme para poder empezar. Les comparto una fórmula que fui poniendo en práctica y que ayuda indudablemente en mi experiencia para poner en marcha el proceso que en la acción va a ir manifestando el sueño. Todos los días tenemos mil cosas que hacer. No nos alcanzan las horas para resolver todo lo que tenemos en mente en la carpeta de pendientes. Los que me conocen saben que no tengo una carpeta de pendientes física. Sería genial, pero no la tengo, ni ahora, ni cuando estaba en la oficina donde muchos compañeros la tenían. La verdad, nunca fui tan ordenado internamente como para tenerla. El sólo pensar en tener una carpeta donde poner los pendientes ya me estresaba. Claro que eso no evitó nunca que no se acumularan los pendientes. La práctica me enseñó que no se puede resolver todos esos pendientes. Hace no mucho tiempo comprendí que era inútil seguir tratando de resolver todos esos urgentes, que se acumulaban día a día. Un método que me ayudó definitivamente a avanzar en la concretización de muchos sueños y sigo poniendo en práctica en los actuales, es proponerme todos los días tres tareas que voy a terminar ese día. Tres tareas de los pendientes, hoy me voy a enfocar en resolver. Pendientes tengo mil. Pero hoy escojo sólo tres. No cinco, no diez, no veinte. sólo tres. Si al final del día resolví cinco o diez, entonces estoy más que feliz porque ese día superé mi meta por dos o por siete. Eso me hace sentir que ese día fui extremadamente productivo a diferencia de antes, donde el no ordenarme me hacía sentir que todos los días estaba en deuda, que no había podido cumplir con todo. Parece una tontería, un truco burdo. Sí, es verdad lo es, pero me funciona. Pero es lo mismo, para mi forma de observar el día no lo es y hace toda la diferencia. Cuando sólo tenía toda la "carpeta" de pendientes que encarar, era un poquito de cada cosa o ninguna. De todos modos no iba a poder resolver todo. Cuando empiezo al despertar, al comenzar el día, a elegir solamente tres, establezco prioridades, de todas las tres que voy a encarar hoy. Tengo foco, ya no es un cúmulo interminable de cosas, son sólo tres. Mi manera es anotarlas. Escribirlas a mano. El sentido de traer y aterrizar que tiene poder escribir algo. Traer a tierra, concretizar. Para mí, anotarlas tiene una importancia fundamental. Tienen que cumplir dos condiciones. La primera es que se puedan encarar y resolver o llegar a un resultado concreto en el mismo día. Un resultado que puedo dar por cumplido. Quizás el tema no se puede resolver en el día. Pero puedo alcanzar una meta ese día. Hablar con Carlos sobre ese tema, plantearle la propuesta. Por ejemplo: no resuelvo el tema porque es para largo, pero ese día llego a un resultado concreto y verificable que pueda terminar ese día. Eso ya me ordena el día, sé hasta que momento no puedo dejar la determinación para llegar al resultado que busco ese día. En mi experiencia tres resultados concretos están más que bien. "Quien mucho abarca poco aprieta", dice mi madre. La segunda condición es que uno de los tres temas tiene que estar relacionado con acercarme un poco más al sueño. Dos pueden ser resolver algunos urgentes. No sé pagar la factura de luz, llevarle lo que me viene pidiendo hace días mi madre. Urgentes, pero uno debo sí o sí relacionarlo con su próximo sueño a concretar. Todos los días debo dar un paso hacia su manifestación. La acción es la forma, la manera de traer esos sueños creados en lo invisible, en lo interno a este campo. Todos los días tengo que avanzar en algo hacia ese logro. Aunque tan sólo sea averiguar alguna condición, o mantener una conversación con alguien que me es necesaria. Consultar en línea o con algún experto del tema que me puedan acercar a lo que estoy queriendo manifestar de mi sueño. Si todos los días no doy un paso hacia él, pues entonces no estoy un día más cerca, como mínimo estoy igual de lejos que ayer. Cómo lo voy a manifestar, si todos los días no estoy un poco más cerca. Vamos a ver en el próximo capítulo que la creación se manifiesta desde lo invisible a lo visible. Y claro, eso podría llegar a interpretarse como algún pensamiento mágico. Pero si algo requiera la concretización de sueños, es salir del pensamiento mágico. Se crea desde lo invisible y se manifiesta en lo visible. Pero se avanza por lo menos un poco cada día. Sino los urgentes de la vida van postergando minuto a minuto, día a día, mes a mes y año a año la manifestación de nuestros sueños. Durante mucho tiempo fui dejando para más adelante, cuando se pudiera, cuando terminara de resolver todos estos temas. Fui descubriendo que la forma de terminar todos "estos temas", era justamente materializar el sueño. Que era la forma de resolver los pendientes y no al revés. Que la forma y la manera de resolver los urgentes es justamente ocuparte de lo importante un poco cada día. Que cada día al acostarte sientas que estás un paso más cerca de vivir tu sueño. Eso te hace encarar el próximo día con más entusiasmo, les vuelvo a recomendar un capítulo de "Esto también va a pasar", mi anterior libro que justamente se llama EN THEOS ASMO.

Es muy importante encararlo todos los días con un Dios

dentro. En lo personal esa simple práctica me condujo a terminar este libro, entre otros logros. Durante los días interminables de la cuarentena del Coronavirus, días que se hacían monótonos, tuve que ponerme tareas día a día para avanzar. La cuarentena me alcanzó estando en otro país. Eso me llevó a encierros preventivos en solitario en diferentes hoteles, en distintas ciudades y países hasta que pude regresar a mi casa. Si bien me gusta hacerlo, la rutina iba atrasando el momento de poder escribir. Una vez que empiezo puedo estar escribiendo hasta altas horas. En estos momentos son las cinco y cuarenta y cinco de la mañana, por ejemplo. Pero hasta para las cosas que nos gustan y que queremos hacer debemos impulsarnos a empezar. El simple hecho de ponerme una meta diaria, una tarea para terminar en el día, es más que suficiente para poder comenzar. En este caso, les cuento lo que a mí me ayudó. Si encuentran otra fórmula o tienen otra, estaría encantado si desean compartirla. Tres tareas para terminar en el día. Una de las tres relacionadas con lo que en este tiempo quiero manifestar. Las tres deben tener una comprobación en ese día. Un lugar que llegar. Tener la conversación. Llevar tal cosa. Tantas páginas o simplemente sentarme a escribir hoy. Algo que me pueda mostrar a mí mismo que esa meta ya fue cumplida. Que ese punto que me puse al despertar hoy ya fue cumplido. De esa forma me voy poniendo en acción y voy resolviendo pendientes en vez de acumularlos. Lo más importante cada día es que me encuentro un paso más cerca de vivir mi sueño.

13

ensoñación

Los sueños se concretan en el campo de la materia, pero se crean en el campo invisible, donde yo realmente tengo toda la fuerza creadora. Mientras me voy moviendo paso a paso en el mundo de la materia. Mientras voy bajando a papel, atreviéndome a crear un sueño que asusta, mientras voy desdomesticando mi sueño, preparando el equipo, alistando toda la acción que es la encargada de materializar mi sueño. Debo ir creando el sueño en el campo invisible. He aprendido en la experiencia y los resultados que no se trata de fantasear o imaginar el sueño. Que es un proceso mucho más profundo, el de justamente crear el sueño. Lo creamos en el mundo interno y después es la acción la que se encarga de traerlo a este plano, el de la materia. Pero si no tengo el resultado ya creado en el mundo interno, entonces no hay nada que la acción pueda manifestar. Es simplemente la guía de la acción. Atreviéndome a hacer una pequeña corrección a ese suboficial de Fuerza Aérea que me dio esa lección de tiro hace tanto tiempo, no se puede dar a lo que no se puede sentir previamente. No se puede crear aquello que no se puede sentir. Si no lo puedo vivir en los mundos internos primero, nunca lo voy a poder vivir en el mundo externo. Así que vamos a internarnos un poco en el fino arte de la ensoñación, el verdadero proceso que manifiesta todos los sueños, que la acción se encarga de concretizar en este plano, pero que sin la manifestación real en lo interno nunca va a poder ver la luz en el mundo de la materia. La energía sigue al sentimiento. La energía sigue y manifiesta los hologramas que yo puedo crear a través del sentimiento. Una vez que ya tengo claro y bajado todo a papel, mientras empiezo a tejer la red de relaciones que me va a permitir juntar la energía necesaria para manifestar el sueño, todos los días debo dedicar como una tarea, una de mis tres tareas que ese día voy a comprometerme a realizar, la de crear en lo invisible. Esto me va a ir dando la certeza, el conocimiento de lo que voy a ir viviendo en el próximo tiempo, es como moverme en terreno seguro. Grandes emprendedores, creadores, siempre han podido disfrutar de sus creaciones y sus sueños mucho antes de concretizarlos en lo material. Es el primer espacio de creación: el interno. El externo es sólo el espejo de lo que ya he vivido, sentido y experimentado dentro. Es en ese espacio interno donde surgen modificaciones, correcciones o avisos de lo que va a pasar fuera. En mi experiencia he vivido las dos etapas. En algún tiempo de mi vida confié simplemente en la potencia de la acción, donde lo único que valía era la capacidad, fuerza e ingenio para accionar. Donde era tanta la ceguera que produce el estar constantemente en movimiento que no quedaba tiempo para crear en lo invisible, sólo para manifestar en el mundo visible. Era ir modificando a la luz de los resultados. Es agotador y en mi experiencia es sólo una ilusión de estar creando. Es más bien estar reaccionando a los eventos que se van concadenando. Claro, me parece que estaba haciendo, creando, porque me percibo en movimiento, resolviendo temas, generando resultados, resolviendo urgentes y acomodando parámetros. Me da la impresión de que realmente estoy haciendo hasta quedar totalmente enredado en la maraña de acción sin saber realmente cómo o dónde seguir. En este dilema me he encontrado muchas veces. Se trata del tiempo, la experiencia, el dejarme guiar y enseñar. Nadie puede guiar a otro o a otros si el mismo no se deja guiar y enseñar. Me dejé guiar y mostrarme a ir descubriendo el proceso de la creación interna, algo que me encontré redescubriendo, recordando que, de más joven, de muchísimo más joven conocía perfectamente, pero que la vida de adulto me había hecho olvidar creyendo sólo en la acción, la capacidad de esta; creyendo en el mundo tangible. Empecé a recordar que, de niño, hasta de adolescente, era mi forma de crear. Resultados, vacaciones, un Atari o una novia. Después me fui olvidando de eso. Fui sintonizando con personas, enseñanzas y lecturas que me hicieron recordar y perfeccionar el mundo de creación interna que permite manifestar en lo externo. Fui comprendiendo por qué se les llama sueños, como los de la noche. El lenguaje nunca es inocente. Por qué un proyecto que quiero vivir y concretizar lleva el mismo nombre de algo que pasa de noche y aparentemente sin control. Porque en ese proceso está la clave. Claro que no sin control, por el contrario, estando con el cerebro despierto, pero en el proceso que me permite sentir, vivir lo que todavía no existe para que de esa manera un día sí exista. Permíteme hablarte de este proceso y vas a ir viendo cómo no te lo estoy enseñando, sino simplemente ayudándote a recordar algo que sabías, pero con el tiempo te fuiste olvidando. Hoy he llegado a comprobar que es el paso y llave para manifestar todo los sueños y proyectos. Es ensoñar, que es soñar despierto. Es en ese proceso donde primordialmente se crea todo lo que vamos a vivir. Claro, eso hacíamos todo el tiempo hasta que nos empezaron a decir que es tiempo de asentar cabeza, que no podíamos estar todo el tiempo quién sabe dónde y fantaseando. Eso nos decían los que ya sólo veían sombreros, porque ya eran incapaces de reconocer elefantes dentro de boas. Hasta que yo también dejé de reconocer al elefante dentro de la boa y ya sólo podía ver sombreros.

Eso que parece ser el símbolo de la maduración es justamente lo que más nos aleja de crear los sueños que tenemos. Porque al hacernos adultos no podemos dejar de ser quienes somos. Seres creadores constantes. Sólo que empezamos a confiar en lo externo y nos olvidamos de que nuestra verdadera fuerza y potencia viene de lo interno. Cuando de adultos queremos recuperar esta potencia, creemos que es pensando o visualizando mundos que no existen como los vamos a crear. O simplemente deseándolos. Hemos comprobado ocasión tras ocasión que así no funcionó. Hemos deseado ganar la lotería para que así todos nuestros problemas desaparezcan, nos hemos concentrado en visualizar el momento en que nuestro número sale. Lo hemos intentado, deseado, imaginado. De todas las formas que se nos ocurrían. Pero la verdad es que no llegamos a la potencia que de niños teníamos para vivir esos mundos invisibles. Nos desilusionamos, no pudimos y volvimos a la razón. Todo eso es una tontería, una ilusión, un juego de niños. Pensamos que los adultos se preocupan u ocupan de resolver las cosas en la realidad y no andan fantaseando tonterías, que como mucho sirve para tejer planes, diseñar estrategia, siempre desde lo estudiado o aprendido. Sin dudas, hacemos todo el esfuerzo para convencernos de eso, es la única forma de adquirir las habilidades y capacidades que necesitamos para concretizar nuestros planes.

Es momento de recordar algunas cosas básicas, no es imaginar. No es cerrar los ojos forzándonos a imaginar lo que no está. ¿Se acuerdan de que, siendo niños, no hacía falta cerrar los ojos para poder estar en otro lugar? Que no conocíamos técnicas de visualización o de imaginería. Que conocíamos un arte que fuimos perdiendo, la capacidad de soñar despiertos. Que no pasaba necesariamente por ver, sino por sentir. Que podíamos sentir el sol de la playa en pleno invierno. Cuando jugamos, era tal este poder que los adultos nos veían montados sobre el almohadón del sillón del estar, fingiendo estar cabalgando en el oeste. Lo que ellos no podían comprender era que nosotros olíamos el caballo, sentíamos el viento del desierto en el estar de casa. Esa capacidad con la que jugamos es el entrenamiento para crear toda nuestra vida adulta, solamente que la olvidamos, nos confundimos y la desechamos. Nos llenamos de técnicas venidas de otros tiempos y otras culturas. Después de muchos fracasos, en mi caso, con la guía y los procesos adecuados recordamos esa capacidad original. Volvemos a comprobar la fuerza creativa de la ensoñación, de soñar despierto, que no tiene que ver con concentrarse ni imaginar. Tiene que ver con poder sentir, estar donde todavía no estoy. Vivir como todavía no vivo. Crearlo en el mundo interno para que mi adulto preparado y capacitado lo pueda traer y manifestar en el mundo externo. Tengo que tomarme un rato, ojalá varios por día, para serenarme. Sacar toda la atención de los urgentes, las preocupaciones de la vida adulta. Serenarme, aislarme, volver a mi centro. De la forma que conozcas, calmarte, callar la mente. Dejar de distraerte con el móvil, el libro, la tele o algo. Volver a ti. Los occidentales vivimos huyendo de nosotros, por eso constantemente estamos distrayéndonos con algo externo. Cuando uno anda viajando mucho se puede observar algo notorio en los aeropuertos del mundo. Los occidentales siempre están haciendo algo, viendo una película en el móvil, viendo Facebook o cualquier otra cosa. En el mejor de los casos leyendo un libro, trabajando, mirando, comprando, distrayéndose. Si no lo hacemos instantáneamente sentimos que nos aburrimos. He observado que constantemente tenemos esta actitud. Eso me permitió observar muchos orientales que sólo están sentados. En paz, con ellos. No se los ve aburridos, ni cansados, sólo están con ellos, están en ellos. Esa práctica para mí ha sido todo un desafío, trataba de estar conmigo y me pasaba que me aburría enseguida de mí, hasta que empecé a conocerme, y me empecé amigar. Hoy los niños no pueden estar si no tienen un móvil, una Tablet, algo. Se aburren. Les estamos sacando la posibilidad de habitar mundos infinitos de creación interna que muchos de nosotros explorábamos y disfrutábamos tanto. Hay una especie de terror al aburrimiento. "Mama, papá, me aburro''. Y creemos que inmediatamente nuestra función en la vida es evitar que ellos se aburran. Pues que se aburran, que descubran qué hacen con eso. Todo lo que pueden hacer con eso.

La clave es volver a estar adentro, amigarnos con eso. Poder estar calmado, si alguno conoce alguna técnica para lograrlo es maravilloso, sino que sólo busque estar en paz y en presente. Sin recuerdos del pasado ni preocupaciones del futuro. Estar realmente aquí y ahora. Disfrutar de este momento. Si alguien sabe cómo elevarse, conectarse, sintonizarse con lo superior, lo va a convertir en una experiencia más profunda. Pero el sólo hecho de estar aquí y ahora contigo mismo es una gran experiencia en sí misma. En ese estado presente y en el momento. En Conexión Pineal venimos trabajando en esto hace muchos años, pero lo que conozcas está perfecto. En ese estado que te puede llevar un tiempo encontrar y recordar, conectar contigo mismo a un nivel más profundo, entonces en ese momento no queda más que jugar. Jugar, sentir que tu sueño está sucediendo en ese momento. No imaginarte que está sucediendo, no imaginarte en la playa. Sentir que estás en la playa. No se trata de viajar al futuro o revivir el pasado. Eso te saca del único lugar donde tienes potencia para crear. Es de nuevo escarparse, es huir del aquí y ahora. Tengo que traer el futuro a hoy. Porque hoy es donde lo voy a crear. No tengo que imaginar la playa. Tengo que sentir la playa, el sol, la brisa, la arena húmeda, hasta saborear el mojito. Poder escuchar a mis seres queridos jugar, reír. Poder sentir el agua. Vivir tu sueño. Crear un holograma a través de los sentidos, la energía sigue al sentimiento. Es que sé cómo se siente el viento, pero no sé cómo se siente mi sueño.¡"Adulto deja…en ti"que vuelva el niño que vive en ti!. Ese sabe, o de niño no habías estado en el lejano oeste o en el espacio.

En todo caso sabes cómo se siente la victoria de haber alcanzado tus sueños, tus metas alguna vez por pequeño que sea. Alguna vez ya lo hiciste más que seguro. Hace ya muchos años con

Adri, mi gran compañera de aventuras, de vida, quien además es mi esposa, estuvimos en el noreste de Argentina, en una zona muy cercana al Brasil. Para que se den cuenta de la época que hablo, teníamos un videoclub. Se llamaba Shamrock, como el trébol que porta San Patricio para proteger de todo mal. Pero eso es otra larga historia. En ese pequeño pueblo, siendo el videoclub del pueblo, conocimos mucha gente, como era lógico. Uno de nuestros mejores clientes era el nieto occidentalizado, muy occidentalizado, de un gran cacique de la etnia guaraní. El mayor de la región. Gran líder de un pueblo nación que ocupa hoy territorios en las actuales Argentina, Brasil y el Paraguay. Entablamos una relación con el nieto, en un momento surgía la posibilidad de ir a la zona donde habitaba el abuelo para conocerlo. Eso también sería una larga historia. Vamos hasta la zona de monte, habitada por este sabio hombre y compartimos una tarde con él, por demás interesante. En un momento, el padre de nuestro amigo, hijo del gran hombre guaraní, se le acerca a la ronda de troncos cortados donde estábamos sentados en circulo conversando. Le comenta a su padre que a la mandioca le estaba faltando agua, hacía unos días que no llovía en la zona. El abuelo asiente con la cabeza y le dice: "Está bien, hay que hacer llover". Nos miramos con Adri, para comprender si habíamos entendido lo mismo. Rápidamente consultamos con nuestro amigo. Él va a hacer llover. ¿Eso había dicho? Nuestro amigo sin mucha sorpresa nos asintió que si, como si nos hubiera dicho que iba a preparar mate. No se veía ni asombrado ni entusiasmado por el hecho. Con Adri nos sorprendimos y nos entusiasmamos. ¡Íbamos a presenciar una ceremonia de la lluvia guaraní! Todo un acontecimiento. Pues el anciano se puso de pie, cerró sus ojos un instante que no duró un minuto, se sentó y retomó la respuesta que nos estaba dando. Al terminar nos dijo: "Pues ahora vayan, que va a llover y los caminos se ponen complicados con la lluvia. Cabe aclarar que el día era de un azul profundo, ni una sola nube en el horizonte. Sorprendidos, le dijimos: "¿Llover? ¿Por qué ahora van a hacer un ritual para la lluvia?". Pensando que no querían que lo presenciemos, el hombre nos aclaró que ya lo había hecho, que por eso era hora de partir antes de que lloviera. Intentamos preguntarle cómo había hecho, pero sólo sonrió, se despidió y se retiró. Nuestro amigo se despidió y subimos a la camioneta para irnos, queríamos saber más, pero él se apuraba mucho a salir porque los caminos se ponían complicados cuando llovía. El día seguía radiante. Con Adri no comprendíamos si era una broma, o de qué hablaban realmente. Durante el camino de vuelta, nuestro amigo nos contó que su abuelo sólo se había parado sobre la tierra, sentido cómo caía el agua y lo refrescaba, cómo sus pies se enterraban en barro. Claro, todo esto le había tomado no más de treinta segundos. Nos contó otro montón de maravillas de su abuelo. Él conocía perfectamente la técnica tanto como su padre. Pero ni él ni su padre logran hacer llover. Solamente su abuelo. Le preguntamos si tenía poderes especiales. Nos respondió simplemente que su abuelo seguía siendo como un niño. Que ése era su poder. Cuando la camioneta llegaba a la ruta asfaltada se nublaba y empezó a llover por tres días.

Cuando comencé a recordar esas potencias de niños y a ponerlas en práctica, recordé el privilegio que fue para nosotros haber presenciado eso aquel día. El poder de la creación desde lo invisible manifestándose en el mundo material. La gran tarea que tenemos que hacer todos los días hasta que nuestro sueño se manifieste es tomarnos un tiempo todos los días para ensoñarlo; sentirlo, vivirlo, escucharlo, saborearlo. Vivir nuestro sueño antes de que se manifieste en la materia. Poder crearlo en lo invisible, que es desde donde todo nace, para después vivirlo en lo material. Es la gran tarea de todos los días. Cuidado con los "estoy muy ocupado", "no tengo tiempo". Porque lo que realmente crea tu sueño no es tu capacidad de acción, sino tu capacidad de vivir en los mundos interiores. Todo viene de adentro, nada viene de afuera. En vez de preocuparte por el crédito, los ahorros, los plazos, etc. para comprar la nueva casa, ensueña la vida que quieres vivir en tu nueva casa. No te ensueñes comprando la casa, sino viviendo la casa, las reuniones, la alegría, el disfrute de ella. Con esa creación en lo real, que son los mundos internos, de una forma casi mágica se resuelve el crédito, los plazos etc. Es como una especie de magia.

¿Cómo se empieza a desarrollar el arte de la ensoñación? Como todos: práctica, determinación. Dos condimentos indispensables para lograr la maestría. No importa la habilidad natural que tengas o lo fácil o difícil que te parezca. Sólo la práctica y la determinación en sostenerla hasta alcanzar la maestría es lo que te va a convertir en un maestro de eso. Para alcanzar la maestría en un deporte, en un instrumento, en lo que sea, esos dos condimentos son la clave. En la creación por medio de la ensoñación. Es cierto: todos sabíamos, pero nos olvidamos. No lo vas a recordar enseguida, o quizás sí, pero eso te lo va a mostrar la concretización de los sueños. No la no concretización del sueño. De hecho, el que no se manifieste sólo va a mostrar que te está faltando práctica y para la práctica tienes que estar determinado a lograr la maestría. Lo que vamos a intentar hacer al principio es imaginar, dándole mucha importancia a si pudiste o no ver. Pues eso no tiene nada que ver. No se trata de ver, sino de sentir. Para desempolvar la capacidad de sentir vamos a tener que practicar mucho. Mi amigo y su padre habían perdido el poder que su abuelo mantenía porque habían dejado de practicar, por considerar que no les estaba saliendo. Durante mucho tiempo intenté de formas diversas recuperar lo de ese viejo guaraní, hasta que en algún momento lo pude ordenar, lo cual no es nada más que el comienzo. Después es la práctica y la determinación lo que te van dando la forma. Conéctate, céntrate, y en ese lugar ensoñar. Sueña despierto que ya lo estás viviendo, agrega detalles. Siente los detalles, escúchalos, saboréalos hasta que se manifiesten en el campo de la materia, cuando te sueltes a sentir que eso que estás creando está pasando en ese momento. Te repito hasta el cansancio: no es imaginar qué vas a sentir cuando pase; es sentir que está pasando en este momento, hasta escuchar los detalles o saborear comidas, sentir olores etc. De hecho, cuando te metas profundamente en el mundo de los sentidos, probablemente aparezcan las imágenes. Sin intentar ver, sin desear ver. Las imágenes se van a mostrar naturalmente como producto del sentir, como sucede siempre. Es un juego basado en el sentir, pero que va a traer como consecuencia imágenes a su tiempo. Si ese es el caso, hay que crear un holograma tan potente a través de los sentidos que va a ser llenado por la energía. La energía sigue al sentimiento. Claramente te puedes apoyar en técnicas o posturas que quizá conozcas o simplemente con música que sientas que te eleva y te hace sentir lo que deseas sentir. Al momento de ensoñar siempre la atención en lo que quiero que me suceda que entre en mi vida, no puedo ensoñar lo que no quiero que me pase, lo que no deseo vivir. La atención determina el sentimiento que guía todas nuestras creaciones y depende de este detalle.

Cuando la atención está en lo que no quiero vivir, en lo que no quiero que me pase, el sentimiento es más cercano al miedo. Con sentimientos cercanos al miedo voy a crear, pero lo que no quiero que me pase. Cuando la atención está en lo que quiero vivir, los sentimientos son más cercanos al amor y eso va a crear lo que quiero vivir.

Es simplemente una cuestión de frecuencia. Atraemos desde lo que sentimos, nos encantaría creer que es desde lo que pensamos, pero si así fuera cuántas cosas ya hubieran pasado. Cuántas otras hubiéramos sufrido, porque también a veces pensamos cada cosa. Pero lo que sentimos es lo que determina la creación. Pero eso ya será materia del próximo libro. Por ahora sólo determínate a recordar toda la potencia de tu poder de creación y ponlo en práctica a través de la ensoñación. La fórmula original de creación. El camino y la llave para que todos tus sueños se cumplan. Así que, a soñar sin límites.

14

un cuento para el final

Para el final quiero contarles un cuento. Les adelanto: no es una historia alegre, no todas lo tienen que ser. Es una historia que escuché hace más de veinticinco años. Fue un despertador para mí en ese momento. Era una época extraña, salía de una gran corporación internacional donde sentía que se apagaban todos mis sueños, con buen sueldo y cargo para la edad y preparación que tenía. Cualquiera en esa posición hubiera estado feliz. De hecho, yo lo había estado uno o dos años antes cuando logré ese cargo en esa gran corporación multinacional. Pero al tiempo sentía que se apagaban mis sueños. En contra de la opinión de todos los que me rodeaban en ese entonces, salvo un amigo, decidí salir de ese lugar y empezar de cero en busca de un sueño que dejara huellas. Llegué a un lugar donde sentía que realmente podía hacer la diferencia, aunque me tocaba empezar de cero. Una empresa no convencional, por lo que hablaban y sostenían allá por el 1996, donde los lideres todas las mañanas juntaban a todos al llegar a la oficina y era una pequeña fiesta antes de empezar a trabajar. Donde se hablaba de sueños y de ir tras ellos. Un tiempo valioso en aprendizaje con esos locos. Pero viniendo de una corporación formal, ese primer día de música estridente a las siete de la mañana, a las ocho en charlas antes de trabajar, charlas muy raras, de temas que no había escuchado y menos en una empresa, me fascinó de entrada. El primer día que llegué el director, contó un cuento que me impactó, este cuento fue lo primero que escuché al llegar a esa empresa en 1996. Creo que también me marcó de por vida. Hoy quiero compartirlo con ustedes. Al finalizar esa locura de arengas, metas para la semana o el día, gente cantando, parecía más una fiesta que un día de oficina. La persona que dirigía la reunión, que era el director regional de la compañía, cuando calmaron un poco los ruidos y el frenesí, sólo dijo: "Hoy, antes de empezar el día de trabajo, les quiero contar una historia. Voy a contarla como la recuerdo, la escuché una sola mañana en 1996, pero voy a contarles como yo la recuerdo".

Esta es la historia de un pequeño gatito con apenas unos meses de vida que vivía en una casa cerca de un bosque. Estaba haciendo sus primeras exploraciones por el jardín de la casa en la que vivía. A la tarde, con el sol alto, decidió internarse un poco en un bosquecito detrás de la casa. No iba a tener miedo, él siempre había sido el más fuerte de la camada. El más valiente. El que caminó primero. El primero que llegó de sus hermanos hasta el límite del patio. Por lo tanto, había decidido ir a investigar el pequeño bosque al final del patio. Con curiosidad se internó en el bosque. Descubrió maravillas y cosas nuevas. Se le voló el tiempo. Cuando se dio cuenta, el día estaba oscuro, entendió que había anochecido ya, que distraído se le había pasado la hora. Decidió que ya era tiempo de volver a la casa. Cuando quiso encarar la vuelta, buscó por acá, busco por allá y se dio cuenta de que estaba perdido. No veía la casa ni el camino de regreso, se había perdido en bosque. Ya no tenía dudas de eso. No se asustó más de la cuenta. Él era valiente. El más valiente de todos sus hermanos. El bosque estaba oscuro al ras del suelo. Él avanzaba sin ver dónde pisaba, ni qué había por delante. Pero no se acobardó. Avanzaba en la oscuridad. Se repetía constantemente: "Tú puedes, eres el más fuerte de todos tus hermanos, es sólo la noche". De repente, entre la oscuridad distinguió una luz. "La casa", se dijo, "estoy salvado", comenzó a avanzar hacia la luz. Claro, en el camino lo asaltaron las dudas. Se preguntaba ¿Será la casa o será una estrella? "No", se contestaba, queriéndose convencer. "Es una casa". Seguía avanzando hacia la luz. Las dudas lo asaltaban a cada paso. "Será una casa o será una estrella…".

Seguía avanzando en la oscuridad aferrado a la idea de que si no era su casa sería por lo menos una casa. ¿Será una casa o será una estrella? Donde habría alguien que lo abrigara y lo acogiera. En definitiva, pensaba, queriéndose convencer: "Quién no va a querer un gato pequeño y lindo como yo. ¿Será una casa o será una estrella? No, es muy bajo para una estrella, debe ser una casa". Una hora y media le tomó acercase hasta los confines de la casa, desde donde pudo comprobar que no era su casa, pero que tampoco era una estrella. Pero se veía ya una linda casa. Era invierno, comenzaba a apretar el frio de la noche mientras empezaba a nevar lentamente. Vio una ventana abierta donde se veía luz. Apresuró sus pasos a la ventana. Trepó por unos troncos apilados hasta poder ver hacia el interior de la casa. Lo que vio lo llenó de ilusión. Un hogar prendido, una alfombra frente al hogar y dos pequeños niños jugando. Dijo: "Mi lugar perfecto". Se imaginó él jugando con los niños en la alfombra, frente al hogar. Dijo: "No es mi casa, pero será un lugar perfecto para vivir. Sólo tengo que ir a la puerta, arañarla, maullar un poco. Llegan los chicos a la puerta, se encuentran con un gatito pequeño y lindo como yo y sin dudar me van a hacer entrar. Me van a dar de comer y me van a querer". Se bajó apresurado, se dirigió a una puerta que era la de la cocina. Se preparó, se peinó con la lengua como suelen hacer los gatos. Y comenzó a arañar la puerta con todas sus fuerzas. Mientras daba pequeños maullidos que a él le parecieron rugidos, escuchó pasos que se dirigían a la puerta. Se preparó, puso su mejor cara de gato de foto. Se dispuso a esperar a los chicos.

De repente se abrió la puerta de golpe y un señor que no

había visto, al verlo sólo dijo: "Gato del demonio, me tienen podrido estos gatos que andan por todos lados".

En ese mismo instante le dio una patada tan fuerte que voló como dos metros y cayó en el pasto, que ya se empezaba a poner blanco por la nevada. Cuando terminó de dar vueltas, y se recuperó del shock, dolorido, trató de entender lo que había pasado. No abrieron los chicos, quién era ese monstruo que había atendido la puerta. Tardó unos minutos en recuperarse. Se sacudió, y vio que la ventana emitía la cálida luz del fuego. Se fue moviendo hasta la ventana de nuevo, con dificultad volvió a trepar los troncos, volviendo a mirar hacia dentro. Vio el fuego, la alfombra, los niños. Vio que les habían traído una merienda, leche tibia y galletas. Lo que él veía era un sueño. El frio crecía en intensidad. Le dolía el cuerpo y sentía hambre ya. Pensó: "Acá tiene que haber un error. Si lo tenía todo pensado. Tengo que volver, no abandonar mi sueño, estar en minutos en esa alfombra con esos niños y tomando leche frente al fuego. Vamos, no puedes abandonar tu sueño por un inútil que no pudo apreciar a un pequeño gato perdido. Además, atravesaste el bosque. No tuviste miedo a la oscuridad, ni a las criaturas del bosque. Eres el más valiente de la manada, no lo olvides. El más fuerte de tus hermanos, ninguno caminó antes que yo. Tú puedes con esto. No decaíste ni cuando pensaste que en realidad no era una casa, sino una estrella. Vamos, esta es la tuya, es sólo la resistencia lógica para obtener un gran sueño. No es nada tú puedes".

Volvió a la puerta, levantó su mano para volver arañar la puerta y se acordó de la patada. Del susto, del impacto, el vuelo, la caída. El dolor había sido fuerte, la caída dura, había sido fuerte la desilusión. Peor él era el más fuerte de sus hermanos. Retomó fuerzas y se dijo: "No es nada, sólo la resistencia lógica para un gran logro". Tomó valor y arañó la puerta con todas sus fuerzas. Escuchó ruidos de pasos hacia la puerta, afirmó los músculos como quien se prepara a recibir un golpe, entrecerró los ojos. Se preparó para lo peor. Se abrió la puerta de golpe... sólo escucho: "¡Otra vez, gato sucio! No aprendes más".

Recibió una patada mucho más fuerte que la anterior, con más saña. El golpe lo tomó en tensión, salió disparado instantáneamente a casi cinco metros de la puerta. Cayó entre la nieve inconsciente. Tardó más de veinticinco minutos en despertar. Ya se encontraba cubierto de nieve. El dolor era intenso. Le costaba ponerse de pie. Esta vez el golpe había sido muy fuerte. Tardo otros veinticinco minutos en llegar por a la ventana. Volvió a subir a los troncos con mucha dificultad. No podía creer que todo lo que había planeado y visto fuera simplemente un sueño. Volvió a mirar. Estaban los niños, el hogar encendido, la mullida alfombra en frente del hogar. Los niños jugaban. Se escuchaba música suave. No había forma de hacer encajar esa escena con lo vivido dos veces en la puerta. Pero esta vez fue más cauteloso. Estuvo un tiempo observando, quería ver aparecer al monstruo de la puerta. Estuvo un largo rato en la ventana. Sólo se veía felicidad, paz y armonía. La nevada arreciaba, con ella crecía el frio. Lo que veía y el hambre y el frio le hicieron volver a tomar coraje. A convencerse de que la tercera es la vencida. Que quien no arriesga no gana, y otro montón de frases que había escuchado. En algún lado las había escuchado. Con dificultad se arrastró a la puerta. La vio, sintió los golpes y los gritos. Pero se repitió a sí mismo: "La tercera es la vencida, quien no arriesga no gana. Al que quiere celeste que le cueste". Levantó su adolorida mano para arañar la puerta. En ese momento se acordó de la primera patada, de la ilusión que tenia y de cómo el golpe lo había tomado por sorpresa. La verdad que nunca se lo hubiera imaginado. Pero la verdad es que lo había resistido como todo un gato valiente. Se repuso, retomó su sueño y volvió a enfrentar esa puerta. Sintió valor y orgullo por él mismo, levantó más la mano, en ese momento se acordó de la segunda patada. La verdad, esa sí casi lo mata. A cualquiera de sus hermanos más débiles, estaba seguro, lo hubiera matado. Recordó el despertar en la nieve, el no sentir casi el cuerpo. Recordó su sueño: estar en la alfombra, jugando con los niños y comiendo claro. Le dio fuerza, pero también claridad. Quizá sea tiempo de cambiar de estrategia. ¿Si vuelvo a tocar la puerta y vuelve a atender el mismo monstruo? Quizás esta vez no sobreviva. Esta vez debo trazar un mejor plan. Ser más astuto. Bajó la mano y pensó. Se le ocurrió una idea brillante. Al otro día los niños irían temprano al colegio. Él era fuerte, ya se lo había demostrado a sí mismo. Su sueño bien valía esperar unas horas. Se convenció de que los primeros en abrir la puerta a la mañana serían los niños al salir para el colegio. De esa manera podría librarse del monstruo de la puerta. Pasaría la noche con hambre y frio. Pero bien él lo podría soportar. Era momento de ser estratégico. Reformular sus planes. Se acurrucaría en la puerta y se prepararía a afrontar la fría noche.

Él podía, estaba seguro, tenía que esperar sólo unas horas. Después de todo él se había perdido en un bosque y había encontrado la forma de salir. Había resistido dos tremendas patadas. Él tenía lo suficiente para aguantar. Se acomodó y se preparó.

Los pobladores del lugar dicen que no recuerdan una noche tan fría como esa, que fue una noche extraordinariamente fría. Pero como todos los días, la mañana llegó. Se escucharon las voces de los niños en la cocina preparándose para ir al colegio. Se acercaron a la puerta y efectivamente los que abrieron la puerta eran los niños. Como lo había planeado. Al abrir la puerta los niños gritaron: "¡¿Por qué en la puerta hay un pequeño gato congelado?!".

Quisiera haber podido detallar y expresar el suspenso que creó este director de la empresa contando esta historia que hizo que todos se callaran. Algunas personas tenían lágrimas en los ojos. El silencio era espeso. A qué venía esa historia trágica. Pues ese momento de hace más de veinticinco años, al escribirlo, lo recuerdo como si estuviera pasando en este instante. Hizo silencio como por medio minuto. Nadie decía nada hasta que retomó el relato. La noche anterior quien estaba en la cocina era un fontanero, que no le gustaban los gatos. Que la tercera vez ya había terminado su trabajo y se había ido. Que, si el pequeño gato hubiera arañado la puerta, los niños abrían abierto. Pero la fuerza de las caídas, la dureza de los golpes pasados, lo hicieron cambiar de planes, querer minimizar riegos. Llegó a convencerse de que se podía aguantar un rato más para alcanzar su sueño.

Que era preferible la seguridad, reformular planes que arriesgarse a otros fracasos. En ese momento cambió el tono y la actitud. Empezó a gritar como desencajado: ''¡La próxima vez que los fracasos, los intentos fallidos, los dolores recibidos te quieran convencer de posponer tu sueño, recuerda a ese pequeño gato! Entonces hazte fuerte y araña las puertas. ¡Araña las puertas!''. De más está decirle que era todo un personaje. Un showman. Que lograba que la gente diera el cien por cien de su capacidad. Pero si algo quisiera que esta pequeña anécdota les pudiera transmitir, sería que ningún fracaso, ningún error te haga posponer tu sueño. No te vas a morir congelado en la puerta de una casa, pero se apaga el fuego interno. Ese que saben prender los sueños. Entonces llega el frio de la rutina, del despertarse, comer acostarse. sólo cuando vamos tras un sueño que nos asuste se enciende el fuego, nos saltan las alarmas del fracaso, del dolor, de los errores pasados. De eso no hay dudas. Hay que armarse de coraje y valentía todos los días para que esos fantasmas no nos detengan, nos hagan cambiar planes con la excusa de ''más seguros'', de que no es el momento, de que habrá momentos más adecuados, donde todo se presente mejor y más fácil hacia adelante. Donde existan mejores condiciones, o donde esté mejor preparado. Trampas de la débil mente externa. Engaños de la personalidad, que desconoce el espíritu indomable que en realidad somos. Las excusas que te cuentas sólo son mentiras que te cuentan tus miedos. En nuestro origen, el ser que realmente somos, ese siempre va a ir en busca de esos sueños, sabiendo que el tiempo es hoy. Esa historia de mi paso por esa corporación canadiense tan particular me acompañó toda la vida. Muchas veces la recordé en el momento de querer bajar los brazos. En el momento de crearme historias que trataban de conversarme que la salida más fácil y segura es la correcta. Las grandes empresas conllevan un gran salto al vacío. Con todos los riesgos que esto lleva. Es ahí donde debo reforzar la conexión, volver a centrarme. Liderar mi atención, liderarme para llevarme hacia donde realmente tengo que estar: la creación constante, el manifestar sueños que en un primer momento parecen imposibles y nos asustan. Pero son esos desafíos los que nos dan vida, donde al final ni siquiera importa tanto el sueño, sino con quién llego y que para llegar tuve que transformarme. En esa transformación está la verdadera victoria, más allá de la concretización del sueño, que nos va a llevar a la gran victoria. Para llegar a esa victoria tengo que ser quien todavía no soy. Son los sueños que asustan el gran motor de la transformación que nos preparan para la gran victoria. Debemos mejorarnos, pulirnos, limpiarnos de creencias limitantes, sanar relaciones. Ser e irradiar más amor para poder manifestar lo que todavía no hemos manifestado. Es simplemente una ilusión pensar que para concretar tu sueño sólo necesitas tiempo o recurso. Para manifestar los imposibles necesitamos ser quienes todavía no somos. Es ese avance el que nos lleva a mayor irradiación, por lo tanto mayor frecuencia. Seguir avanzando hasta que nos podamos librar de todas las cadenas creativas que nosotros hemos creado por desconocimiento de nuestra propia esencia, los sueños que nos asustan al principio, y encarar la empresa de llevarlos adelante. Son la llave o una de las llaves hacia la gran liberación. Por lo tanto, no dejen de soñar en grande. Toda gran aventura empieza como un sueño. A todos nos gusta ver o leer historias de aventuras. Pues quizá sea el momento de ser el protagonista. Nunca tuviste suficientes. Siempre se puede una más. De esas que te hagan levantarte todos los días de la cama entusiasmado y deseoso de otro día. Cuando no estás en una gran aventura, los días sea hacen largos, y el salir de la cama todas las mañanas una gran proeza. Que el ir por un sueño que asusta, que nos llena de vida, de energía, sea la excusa para la gran transformación. Para poder desarrollar toda nuestra potencia de esos eternos creadores constantes que realmente somos. Escapemos del sueño de los que soñaron antes, y que sea el tiempo de crear los nuestros. Que estos no tengan límites. Que nuestra transformación no tenga límites. En ese proceso debemos hacer de nuestro paso por el campo de la materia sólo una gran y excitante aventura. Por lo tanto nunca dejes de soñar, de intentar, de crecer, de avanzar y seguro nos encontramos en el camino.

Índice

Este libro se terminó de imprimir en el Centro
Digital de Equinoxio Editorial, ubicado en la
Ciudad de Mendoza - Mendoza - Argentina
32°52'01.2"S 68°50'57.9"W

Es tiempo de despertar toda nuestra potencia para crear y ésta se revela en nuestras capacidades de soñar y manifestar.

Por eso es tiempo de soñar sin miedo y sin límites. Claramente parece una contradicción el decir que si tu sueño no te asusta es porque estás soñando con miedo.

Acompañamos a recorrer el camino de atrevernos al sueño que asusta, ese que expande tus límites y en el que nos transformamos en quien todavía no somos. En una forma simple y amena a través de las propias experiencias del autor ir desentramando el camino del sueño que asusta, ese que nos desafía y nos permite creer y crear. ¡Anímate a soñar sin límites!

Juan Pablo Caivano. Conferencista, hace más de 25 años se dedica al desarrollo de personas y equipos de alto rendimiento. Desde hace más de 10 años en conexión Pineal.

Organización dedicada a la expansión de la conciencia y el desarrollo personal en diferentes países. Desde 2013 vive en Uspallata, Mendoza junto a su mujer e hija.

Ha publicado "Esto también va a pasar", también por Equinoxio Editorial.

ISBN 978-987-4990-73-0

Estas hojas en blanco son para que empieces a bajar a papel tus sueños .

Para establecer los diseños de tus sueños que asustan.

Poder diseñar tus nuevas creaciones .

Quien vas a ser …..

Que puertas no vas a dejar de arañar

Crea tus mundos .

Concreta tus creaciones .

odo es posible .

Plasma   tus diseños .

Notas :

Notas :

Notas: